現代認識論入門

ゲティア問題から
徳認識論まで

上枝美典

Ueeda Yoshinori

勁草書房

まえがき

　本書は現代の英語圏で活発に論じられている現代認識論の入門書である。認識論とはかたい言葉だが、簡単に言えば「知識」や「知ること」を対象とする学問、つまり「知ること」について知ることを目指す学問である。第一印象として学問にとって自己反省的な最も重要な領域であるようにも見えるし、初めから循環している見込みのないプロジェクトのようにも見える。

　「知る」ということについて問うべきことはたくさんあるように思える。私は何を知りうるか。私たちは何を知りうるか。そもそも「知る」とはどういうことなのか。「知る」「思う」「考える」「理解する」などはそれぞれどのように異なりどのように関係するのか。

　「知識」という言葉を使えばさらに問いは広がっていく。私たちはどのようにして知識を獲得するか。どの範囲の知識を獲得できるか。知識にはどのような種類があるか。最低限の知識であるための条件は何か。知識を獲得するにはどのようにするのがよいか。知識を維持するには何が必要か。私たちはどのようなかたちで知識を伝達し共有すればよいか。私たちは共有した知識の品質をどのように保ちまた高めていくべきか。知識と知識でないものをどのように判定できるのか。

　これらの問いは見たところ重要だが、次の二つの理由によって十分に注意して扱う必要がある。一方で人々は知識をあまりにも性急に欲するので、知識それ自体についての反省をおろそかにする傾向がある。私たちは、知識とは何かを問う前に知識を求め、何を知りうるかを問う前に知識を増やそうとする。

　他方でいったん知識とは何か、知るとはどういうことかを問い始めると、後で見る比較的簡単な推論によって、私たちは何も知ることができないという否定的な結論に行き当たる。哲学的懐疑論と呼ばれるこの罠は強力で取り扱いが

難しい。私はいったい何を知りうるだろうかという問いに対して、何も知ることができないと答えることは驚くほど容易であり、いったんそのように答えてしまうと、そこから逃れることは意外なほどに難しい。そこで格闘するうち人々は疲れ、腹が減り、生活が苦しくなり、問うことをやめてしまう。外界が存在すること、自分が存在すること、意識が存在することを疑う人ですら、生活のために知識を必要とする。

　ものすごくそれを必要としているのに正面からそれについて考えることを拒むもの、それが「知識」である。そういえば、哲学とは知への愛であった。

　本書の構造は簡単である。まず現代認識論のスタート地点と言える標準分析を学ぶ（第1章）。次に、標準分析の重要な問題点を指摘することでその後の認識論に大きな影響力をもったゲティア問題と、それに対する初期の反応を見る（第2章）。ゲティア問題への重要な対応として因果説（第3章）から信頼性主義（第4章）へ進む外在主義の流れを確認したあとで、外在主義に対する一種の反動としての証拠主義（第5章）を見る。そして、有名な基礎づけ主義と整合主義をめぐる論争に、新たに加わった無限主義や基礎付け整合主義を交えて証拠の構造について考えたあと（第6章）、現代認識論の新展開の一つである文脈主義を取り上げる（第7章）。そして次はいよいよ徳認識論である（第8章）。読者はここで、これらさまざまな議論がどのように徳認識論に流れ込み統合されそして新たに旅立とうとしているか、そのダイナミックな展開を見ることになる。そして最後に結びに代えて知識第一主義についての小さな章を付け加えた（終章）。この（今は）小さなモンスターが今後成長して本書を前時代の遺物とするのだろうか。最後まで気が抜けない現代認識論の波瀾万丈の物語をどうぞ楽しんでいただきたい。

現代認識論入門
ゲティア問題から徳認識論まで

目　次

まえがき

第 1 章

知識の標準分析

1.1　知識とは正当化された真なる信念である

　では勇気をもって一歩踏み出そう。「知っている」とはどういうことだろうか。誤解がないように言っておくと、これは「私は何を知っているだろうか」とか「私たちは何を知ることができるだろうか」という問いとは異なる。そうではなく「知っている」とはどういうことか、もっとはっきりと、そして誤解される危険を覚悟して言えば「知っている」という言葉はどういう意味かという問いである。

　そもそも「知っている」という言葉の意味がわかっていなければ、「私は何を知っているか」という問いを考えることすらできない。「知っている」とはどういうことかがわかっていないのに、知識の可能性や限界を考えることもできない。

　たとえ懐疑論が正しいとしても、そのときの「私は何も知ることができない」という主張には、「知る」という言葉が含まれる。そこで何らかの意味が了解されているはずである。ちょうど「神はいない」と主張する無神論の主張に「神」についての了解が含まれるように、懐疑論者の主張には「知識」についての了解が含まれる。これから行う探究は、懐疑論者とも共有できるような探究である。

　「知っている」とはどういうことか。このつかみ所のない問いの手がかりとして、現代認識論が使うのは「知っているとは、正しく、本当のことを、思っていることだ」という分析である。

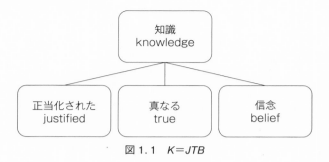

図1.1　*K=JTB*

　つまり「知っている」とはこの3つの要素をひっくるめて短縮した言い方なのではないか、と考えてみるのである。この「正しく、本当のことを、思うこと」という分析は知識の標準分析と呼ばれ、やや堅い専門用語で「正当化された、真なる、信念」と言う。*K=JTB* と覚えよう（図1.1）。

　この分析は出発点であり結論ではない。しかし比較的よくできた出発点であり、これを手がかりにして多くの興味深い問題を考えることができる。

1.2　真という要素

　まず「*P* を知っている」という文は *P* が真であることを含んでいる。

> 「私がリストラされるって知ってますか」
> 「ああ、知っているよ」
> 「ええっ。本当ですか」
> 「何驚いてんだよ。自分で言ったじゃないか」
> 「いや、ほんの冗談のつもりだったんですが」

　「私がリストラされることを知っている」という発言は「私がリストラされる」ことが事実であることを意味する。だからこの人は「知っているよ」と言われて驚いたのである。一般に「*P* を知っている」と言うからには、そこには「*P* が真である」ということが何らかのかたちで含まれているようだ。逆に言

うと、

　　「P ではない。しかし、彼は P であることを知っている」

という発言は明らかにおかしい。こう考えると知識（K）は真（T）という要素を含むように思われる。このことを専門用語で「知識」は「叙実的」（factive）だと言う。「見る」「覚えている」「知覚する」などもこの意味で叙実的な言葉である。

　知識が真という要素を含むと言うとき、その「真」はこの事実性だけを述べている。たとえば「真」と近い言葉に「真理」があるが、標準分析が言うのは、知識は真理についての知識でありそれ以外ではない、ということではない。もちろん真理を知ることもあるだろうが、真理とは言えないような何らかの偶然的な事柄についても私たちは「知っている」という言葉を使う。「知ってる？さっき近所のスーパーに俳優の G がいたよ」と言うとき、それは真理を知っているという意味とは違うであろう。

　ところでテツガク的に「真」の意味を考え始めるとたちまち問題が複雑化する。現代認識論ではあとで見る「正当さ」が注目を集めるので「真」の要素についての立ち入った検討は認識論の外で行われ、認識論はそこでの対立理論に対して中立だという了解が一般的である。どうしても気になる場合には、とりあえず標準分析で通常想定される真理概念は、いわゆる「対応説」と呼ばれる理論に基づくものと理解しておいてほしい。つまり「P」という命題が真であるのは、P という事態が成立しているときであり、かつそのときに限る、というような理解をとりあえずは想定して読み進めていただきたい。

1.3　信念について

「寒いねえ」
「寒いですねえ。なんでこんなに寒いんでしょう」
「寒気団が来てるんだよ」

「ああ、そうでしたね」
「ところで寒気団ってなんだい」
「は？」

　この人は「寒気団」という言葉をどこかで聞いて、その意味もわからないま
ま「寒気団が来ている」と言ったのである。通常このような人に私たちは知識
を認めない。つまりこの人が北極から寒気団が来ていることを知っているかと
問われるならば、かりにそういう寒気団が来ていることが本当だったとしても、
私たちは「知っているとは言えない」「知識の基準を満たしていない」と答え
るだろう。

　このことは、ある人がある命題についてそれを知っていると言えるためには
その命題の意味を理解していなければならないということを示している。「寒
気団」という言葉の意味も知らない人が寒気団が来ていることを知っていると
いうことはありえない。

　また、意味を理解していることと知っていることは違う。「裏のコンビニは
午前3時でも営業している」という命題の意味を理解することと、それを知っ
ていることとは違う。つまり何かを知っていると言えるためには、その何かに
同意し真として受け入れていることが最低限必要であろう。この意味で知識
（K）は、信念（B）という要素を必要条件として含むように思われる。

　ところで本書の読者の大半であろう日本人には、ここで使われる「信念」や
「信じる」という言葉について特別な注意が必要である。これらは英語の "be-
lief" や "believe" の訳語で、定訳になっているのでそのまま本書でも用いるが、
あまりいい訳語ではない。他に適当な言葉がないのでしかたがないが、いま確
認したとおり「知っている」の意味に含まれる可能性があるのはそれほど強い
意味で「信じる」ことではなく「同意している」「受け入れている」「思ってい
る」と表現できる程度の比較的弱いニュアンスでもかまわない。力を込めて信
じないといけないようなことは、むしろ知っていることを疑わせるかもしれな
い。

　とくに注意が必要なのは、日本語の「信じる」は宗教上の信仰を意味するこ

とがあるが、ここではそれはまったく関係がないという点である。現代認識論では信仰などの宗教的な信念やその正当化も研究対象になりうるが、少なくとも標準分析が問題になるとき、知識の要素に信仰が関係することはない。

　さらに日本語の「信念」には、個人が自分の心の中で強く思うこと、これと決めて容易に変わらない固い思い、人生を支える自分の価値観、というようなニュアンスがあるが、これもここで言う「信念」とは大きくズレている。私たちは日常生活で非常に多くの知識をやり取りしているが、すべての知識にそんな力が入っていたらみんな疲れ果てるだろう。

「あのパン屋、今日は開いているかな」
「開いてますよ」
「本当だな。本当に固くそう信じてそう言っているんだな」
「いったいどうしたんですか。センパイ」

ある店舗が営業しているかどうかについての知識にここまで確信を求める場合、むしろ何か特殊な事情が働いている（たとえば、今日、そのパン屋の看板娘に告白しようと思っている[1]）ことを思わせる。私たちが探究するのはそのような特殊な知識ではなく、日常生活で普通の人が普通に使う「知識」や「知っている」の意味内容や構造である。

1.4　真の信念は知識に足りない——正当化

　ちょっと考えると、真である信念、言い換えれば本当のことをある程度の確信を伴って心に抱いていることが知っていることであるようにも見える（つまり $K = TB$）。しかし何も考えがないのに何かを信じてそれがたまたま的中しても知識とは言わない。

---

1) このセンパイは、本書第7章で大活躍することになる。

> 「きっと宇宙人はいるよ。俺は知っている」
> 「おもしろい人ですねえ。何か証拠はあるんですか」
> 「ない」

　いまかりに、本当に宇宙人がいる、すなわち地球外知的生命体が存在すると仮定する。そうするとこの人は、宇宙人がいるという真の信念をもっている。もし知識とは真の信念である（$K = TB$）ならば、この人は宇宙人がいることを知っていることになる。しかし普通私たちはそうは言わない。このような人は、たんに宇宙人がいると信じているだけであり、今の場合はそれがたまたま当たっただけである。このように、偶然事実に一致したからといって知っていることにはならない。

　では、思考や言論があればいいのだろうか。

> 「きっと宇宙人はいるよ。俺は知っている」
> 「何か証拠はあるんですか」
> 「広い宇宙だから一人くらいいるだろう」

　たしかにここには思考があり言論がある。というよりも、ないことはない。しかしかりに地球外知的生命体が存在するとして、この人は宇宙人が存在することを知っているだろうか。もし認めたくない気分があるとすれば、それは知識に求められる正当さが思考や言論であれば何でもいいわけではないことを示している。

　では真である信念が知識であるためにはどのような思考や言論が必要だろうか。これを解明することこそ認識的な正当さとは何かという現代認識論の重要な問題である。

1.4.1　認識的な正当さとそれ以外の正当さ

正当さにはさまざまな種類があるので、最初にこれから問題になる認識的な

正当さをそれ以外の正当さから区別しておくことは、整理のために役立つだろう。次の会話を見てみよう。

> 「息子さんが、本件の重要参考人なんですよ、お母さん」
> 「あの子はそんなことをする子じゃありません。絶対に犯人ではありません」

　かりにこの息子はここ数年行方不明であり、母親は息子の最近の様子について何も知らないとする。しかしこの母親の信念は、親としてそう思うのがごく自然でもっともなものであり、その意味で正当である。かりにその息子が犯人でないとすると、このお母さんの信念は正当であり、かつ真であることになる。しかし母親がそれを知っていると言えるかと問われたらどうだろうか。次の例と比べてみよう。

> 「息子さんが本件の重要参考人なんですよ、お母さん」
> 「あの子はそんなことをする子じゃありません。絶対に犯人ではありません。だってあの子はその時間に私と家にいたんですから」

　この場合母親は証拠に基づいて、すなわち息子のアリバイに基づいて息子が犯人でないという主張をしている。それゆえこの母親の主張は自分の信念が認識的に正当であるという主張である。これに対して前の例では母親の真の信念は息子への愛情のみから出たものであり、その意味で認識的でない。したがってもし前者の例で母親の信念が正当であるとしても、それは認識的ではない別の意味、おそらく人間的にあるいは家族愛的に、より一般的には倫理的、道義的に正当だと言った方がよいだろう。それゆえ前者の例で母親の信念は（倫理的に）正当でありかつ真であるが知識とは言えない。

　さらに道義的に正しいかどうかとは別に、もう少し広く実践的な意味で正当な信念もあるだろう。

> 「みんな、明日の試合は絶対に勝てる。みんながこれまで耐えてきた練習が必ず勝利をもたらしてくれる！」
> 「そう信じた方が力を出しやすいということですね、コーチ！」
> 「そういうこと言うなよ」

　おそらく勝てると信じた方が力を発揮しやすいということはあるだろう。よい結果をイメージして打席に入るのは野球選手の基本的な心構えである。しかしこれも認識的に正しいわけではなく、何らかの実践的な意味、あえて言えば結果主義的な立場からの正しさであろう。

　このように正当さにはさまざまな種類がある。とくに広い意味で実践的な正当さは私たちの生活の中で重要であり、それだけ認識的な正当さと混同されやすいので注意が必要である。現代認識論が関心をもつのは、あくまでも（もしそういうものがあるとして）認識的な正当さである。

1.4.2 「正当化」という訳語にも注意しよう

　「信念」のときと同じように、この「正当な」「正当さ」という言葉も"justified", "justification"という英語の訳語なので、少し注意が必要である。これは通常「正当化」と訳されるが、「正当」がもつ「正しい」という含意、つまり英語でも"just"という語源に由来する意味が認識的正当化の理解をゆがめる怖れがある。

　「正しい」という言葉や概念は、有名な「正義」という徳をただちに連想させ、そして正義が関係する倫理の領域へと誘導する。しかしこれは、認識論の中で「正当」という言葉を使うときに意図していることではない。もちろんそれを初めから排除しているわけではないが、認識論研究者の中にはそのような倫理的、道徳的なニュアンスを嫌ってわざわざ別の言葉を使う人たちもいる。

　たとえば「目の前に車がある」のような視覚による日常的で単純な認識の場合、そこで道徳的な事柄が問題になっているとは思えない。それが問題になるのは「目の前の車を運転する」というような、意思主体による意図的な行為であろう。

意図的な行為であって初めて「目の前の車を運転することが正当化される」という判断が意味をなす。そしてこの判断は、その車の所有者にとって正しいが車泥棒や免許をもっていない子供にとっては正しくない。

したがってこのような場合に、認識論の中である認識的な側面が「正当」という言葉で表現されるのが自然なのは、意志のもとにあるような特殊な認識についてである。たとえば裁判官が検察側と弁護側の両方の証拠を検討し、その上で意志的に有罪や無罪の判断を下すとき、まさに問題になるのはそれが正当な判断かどうか、つまり「被告が有罪である」という判断が正当化されるか否かである。

しかし現代の認識論はそのような特殊な判断だけではなく「目の前に車がある」というような、単純で素朴で日常的な、そして人間生活にとってきわめて重要な認識も研究対象にしている。このように考えれば「正当」「正当化」という言葉を使うのは、あまり適切でない。このため「合理的」（reasonable）、「保証」（warrant）、「プラスの認識的地位」（positive epistemic status）、「認識的に望ましいもの」（epistemic desiderata）などの表現がこの分野では使われているが、それぞれに微妙なニュアンスがあり、そのどれかを採用することが何らかの立場表明につながるという別の危険もある。そこで本書では以上のことを注意した上で「正当な」「正当化された」（justified）、「正当さ」「正当性」「正当化」（justification）という用語を一貫して使うことにする[2]。

また「正当化」でなく「正当さ」や「正当性」、「正当化された」でなく「正当な」と言うこともあるが、それは文脈上「正当化」の「化」のニュアンスが必要な場合と邪魔な場合があるからである。言葉の微妙なニュアンスに敏感な本書の読者には気になる向きが多いと思うが、本書ではとくに注意しないかぎり、これらはすべて"justification"やその派生語を指していると理解していただきたい。

---

[2]　Alston (1993) は、認識的価値の多様性を積極的に認めることを提案して大きな影響力をもった。

1.5 定義をマスターしよう——必要・十分・必要十分

　ところで知識の定義について考える前に、あとで混乱が生じないように定義について基本的なことを押さえておこう。まず定義を考えるときには「必要条件」「十分条件」「必要十分条件」という言葉がよく使われる。

1.5.1 必要条件と十分条件

　「必要条件」とは「PにとってQは必要条件である」のように用い、文字通りPであるためにはQであることが必要であることを言う。たとえばアメリカで運転免許を取るためには、州によって多少の上下はあるが、概ね16才以上であることが必要だが、日本で運転免許を取るためには18才以上であることが必要である。このとき16才以上であることと18才以上であることは、それぞれアメリカと日本で運転免許を取るための必要条件である。

　同じように「十分条件」とは「QにとってPは十分条件である」のように用い、Pが成立していれば、そのことだけで十分にQが成立することを言う。たとえば運転免許をもっていれば、それだけで日本ではその人が18才以上、アメリカでは16才以上であることがわかる。運転免許証は一定の年齢以上であることの十分条件なので、だからこそ年齢確認に使うことができる。

　しかし必要条件と十分条件は、ばらばらだと実生活はともかくあまり哲学の役に立たない[3]。なぜなら哲学は極端な話をするので、必要条件や十分条件も単独で使うと、極端な話の餌食になるからである。嘘だと思うならたとえば、運転免許を取るための必要条件が何かを哲学者に尋ねてみるとよい。たぶんその哲学者はわざとらしく真面目な表情で次のように言うだろう。

　「運転免許を取るための必要条件？　そうだね。まず人間であって、かつ生

---

3)　哲学にもいろんな領域があるので、あくまでも今の文脈の中で理解されたい。ある前提から何が帰結するかを考えることは必要条件について考えることだし、ある結論が出てくる隠された前提を探すときには十分条件について考えるのだから、必要条件、十分条件はそれぞれ重要な役割を果たす場合もある。それに、本文のこの記述自体が哲学者によるものであることにも注意しよう。

きていることが必要だな。生きているだけでは車に乗れないから、自動車も必要だね。自動車が動くには道路も必要だ。もちろんガソリンもいるね。その筋で行けば油田が必要だ。石油が蓄積される年月も、そして化石燃料のもとになる植物を生み出した地球の歴史、そもそも地球という天体が必要だ。地球が存在するには太陽系が必要だから、要するに宇宙全体が必要だな」

つくづく哲学者というのは嫌な人種である。しかしこの哲学者が言っていることは間違いではない。間違いではないが極端に文脈を無視した答えである。これに限らず哲学者は文脈を無視するのが好きだ。問われたことを、たとえそれが相手が求めている答えでないことがわかっていたとしても、真に受けてそのまま答える、というのは哲学の（悪しき）伝統的作法でもある。

　日常生活のレベルでは、その場の会話の文脈がある程度の必要条件を絞り込んでくれているのでこういった変な会話は生じない。今の場合だと宇宙全体の歴史やガソリンや人間の存在は、文脈上、必要条件であることが相互に了解されていて（その了解のもとに半自動的に無視されていて）その上で必要な条件を絞り込もうとしてる。たとえばこの場合だと、ほぼ焦点が年齢制限であることが了解されているので「免許を取るための必要条件は何か」という問いが十分に意味のあるものとして用いられる。

　反対に文脈を無視して十分条件だけを問題にすることも、哲学的にあまり意味がない。Q が P の必要条件であるとき、逆に P は Q の十分条件なので、先の運転免許の例を使えば「宇宙の全歴史が存在することの十分条件は、あなたが運転免許を取ることだ」ということが言えてしまう。

1.5.2　必要十分条件

　必要条件と十分条件が威力を発揮するのは、この二つが合わさって「必要十分条件」になったときである。「Q は P の必要十分条件である」となったとき Q は P の必要条件であるだけでなく十分条件でもある。これは P と Q がまさにぴったり一致することを意味する。何が一致するかが大切なので簡単な論理学を使って説明しよう。

　「P ならば Q」という通常の実質含意を、

$$P \Longrightarrow Q$$

と表現するとすると、P は Q の十分条件であり Q は P の必要条件である。この関係は「P であるときは Q である」（If P, then Q.）「Q であるのは P であるときである」（Q, if P.）あるいは「P であるのは Q であるときに限る」（P, only if Q.）などと表現される。またこの逆、つまり、

$$Q \Longrightarrow P$$

が成り立つとき P は Q の必要条件であり Q は P の十分条件である。この関係はもちろん「Q であるときは P である」「P であるのは Q であるときである」あるいは「Q であるのは P であるときに限る」などと表現される。そしてこの二つが同時に成り立つとき、P は Q の（そして Q は P の）必要十分条件であると言い以下のように表現する。

$$P \Longleftrightarrow Q$$

これは論理学で「同値」と言われ P と Q の真理値が一致することを意味する。つまり P と Q が同値であるとき、P が真であるときには Q も真であり P が偽であるときは Q も偽である。まるで P と Q は同じものであるかのように。そう。この、まるで同じものであるかのようにぴったり真偽が一致する、という性質に目を付けて、この同値関係は「定義」として使われる。

　この同値関係を表すには「P であるときは Q であり、かつ Q であるときは P である」「Q であるのは P であるときであり、かつ P であるのは Q であるときである」または「P であるのは Q であるときに限り、かつ Q であるのは P であるときに限る」と言わなければならないが、ちょっと工夫すれば同じことを「P であるのは Q であるときであり、かつ P であるのは Q であるときに限る」と言えるので、この繰り返し部分を省略した「P であるのは Q であるときであり、かつそのときに限る」（P, if and only if Q.）[4] という表現が同値関係つまり定義を述べるときに慣例としてよく使われる。また、やや不正確だが

文脈上問題ないときには、さらにこれを省略して「P であるのは、ちょうど Q であるときに限る」（P, just in case Q.）とも表現される[5]。本書でも今後よく出てくるので覚えておこう。

1.6　三つの要素がすべて必要なのか

さて以上で知識の標準分析における「真」「信念」「正当化」という三つの要素の基本的な意味と、必要十分条件としての定義の意味を説明したので、次にさらに準備的な理解を深めるために、各要素の必要性について考えてみたい。これまでの説明で、それぞれの要素が知識に必要だとされる理由をおおよそ理解していただいたと思うが、あえてそれらが本当に必要かと問うてみよう。すると先に[6]標準分析が結論ではなく出発点だと言った意味が見えてくるだろう。

1.6.1　知識には「真」が必要か

先に知識は叙実的だと述べた。その意味で S が P を知っているとき P は事実であり真である。これを疑うことは可能だろうか。

一見してそれは不可能であるように思える。真でなくてもよいとなると、それは各人にとって正しいと思われることが知識であるという主張につながり、知識から客観性を奪い相対主義や懐疑論につながるように見える。

しかし次の教室での会話を見てみよう。

> 「みなさん、円周率はいくつか知っていますか」
> 「はーい、3.14 です」
> 「正解！」

残念なことに円周率は 3.14 でない。本当は 3.141592… と無限に続く無理数で

ある。ではこの生徒は円周率がいくつかを知らず、先生は間違ったことを言っているのだろうか。

　直観的にこの会話は間違っていないように思われる。生徒は円周率を知っているし先生の評価は正しい。しかし円周率が厳密には3.14でないこともたしかである。つまり「円周率は3.14である」という命題は真でない。すると「SはPを知っている」ということに「Pは真である」という条件は必要ないと言えるのだろうか。

　同じようなことは数学や科学の分野に目を向けるとたくさんあるように思える。物理学では事象を理想化しモデル化する。本当はでこぼこがある表面を完全になめらかだと考え、実際には大きさがある物体を大きさのない点だと考えて運動についての理論を構築する。しかしだからといって、そのような理論が私たちの知識の一部でないとは言いたくない。

　この方向で考えると、知識に必要とされるのは「真」ではなく何か別のもの、たとえば「その都度の状況の中で、その会話の目的にとって不都合がない程度に、できるだけ真に近いこと」というようなもっと複雑な条件であるように思えてくる。先の教室の円周率の話では、その生徒に求められるのは「円周率がおよそ3であり、しかし、3ではなくもう少し複雑な数である」というような理解であって、その要求を満たすかぎりで「円周率は3.14である」という、真ではないが、その状況で十分に真に近い命題として知識を構成するのに必要な要素となると考えることもできる[7]。

1.6.2　知識には「信念」が必要か

　では次に「信念」要素の必要性について考えてみよう。日本語の「信念」と英語の"belief"の違いについてはすでに注意したが、それでも知識の必要条件としての「信念」には、ある程度のはっきりした「確信」や「同意」が必要であり、そこがふらふらしていてはいけないと考えられるかもしれない。しかし次の例を見てみよう。

---

7)　知識がもつ文脈依存性については第7章で詳細に考える。

```
┌─ 温度さん ──────────────────────────────┐
│ 「暑いね。今何度だろう」                               │
│ 「32.4℃ くらいですね」                             │
│ 「妙に詳しい数字を言うね。温度計でももっているのかい」              │
│ 「いや、ははは。なんとなくそう思っただけで」                   │
│ 「そうかい。変なやつだな」                             │
│ 「自分でもそう思います。昔からこうなんです」                   │
└──────────────────────────────────────┘
```

　この人物は「温度さん」というこの分野の有名人物[8]で、自分では気付いていないが正確に測定した気温を信念に変える装置が彼の頭に埋め込まれている。したがって、上の会話で、そのときの気温はまさに 32.4℃ だった。温度さんは自分にそんな装置が埋め込まれているとは知らないので、なぜそういう数字が思い浮かぶのかまったくわからず、いつも戸惑っている。だからその気温を含む信念をはっきりと信じているわけではなく、まして真だと受け入れているのでもない。しかし何らかの意味で、この人は今の気温を知っていると言いたくなる。少なくとも当てずっぽうに数字を言って、たまたま当たった人とは違う。

　温度さんは今の気温が 32.4℃ だという信念をもっていると言えるだろうか。もし「なんとなくそう思っただけ」だとすれば、温度さんはその信念に同意していないし、受け入れているとも言えないだろう。もし温度さんに知識を認めるとすると、「信念」条件は確信はともかく同意すら必要とせず通常考えられるよりもかなり弱いものでもいいことになる。

　さらに温度さんの場合は「なんとなくそう思った」と自分で認めているが、この自覚の部分は想定上限りなく薄く弱くしていくことができるだろう。最終的にある極端な場合、自分ではまったく自覚していないのに（無意識のうちに）正確な温度についての（何らかの意味で信念以下の）情報を頭のどこかに宿して

---

8) 「温度さん」（Mr. Truetemp）は、キース・レーラーが Lehrer (2000) で用いた有名な思考実験の登場人物。別名「人間温度計君」（戸田山 2002, p. 69）。彼は、知らないうちに温度測定とその温度についての信念を発生させる、tempucomp と呼ばれる精巧な機械を脳に埋め込まれている。

しまう人を考えることができるかもしれない。もしそのような人が正しい気温を知っていると認めるならば、それは信念条件がなくても知識がありうるという主張となり、知識の標準分析に対する明確な反論となる。

【温度さん】の例があまりにも空想的だと思う人には、もう少し現実的な例がある。たとえば自己評価が大変低く自分の知識にまったく自信がもてない人がいるとしよう。しかしこの人は実際にはいろんなところに出かけ、よく見聞きし自分でもよく考えて、人並み以上に知識があるとする。ただ生まれつきの性格かあるいは生育環境のせいか自分に自信がなく、普通の人なら「それはPだ」と自信たっぷりに思うところを「Pだと思うけど違うかもしれない」と思ってしまう。つまりこの人は普通の人に比べて確信や同意に基づいたはっきりとした信念をあまりもっていない。

ではこの自己評価の低い人は自己評価の高い人よりも知識が少ないのだろうか。かりにどこかの平行世界に、この人とほとんどまったく同じ精神内容で、ただこの人よりも少しばかり自己評価が高い人がいたとして、そちらの人の方は自己評価が少し高いので「それはPだ」というはっきりとした信念をより多くもっているとすると、この平行世界の人の方がよりたくさんの知識をもっているのだろうか。

そうではないと思われる。精神内容が同じなら（つまり証拠や信頼性など信念の強度以外の知識を生み出す要素が同じなら）二人の知識の量も同じであるように思える。そうすると知識は本人の自信や確信や同意のような主観的な要素とはあまり関係なく、その意味で客観的に認識主体に宿っていればいいのであって、「信念」というような特殊な心理状態はとくに必要な条件でないとも考えられる。

当然のことながら知識の必要条件から信念条件を外すという戦略は、知識主体を人間以外のものに広げるのに便利である。「信念」や「信じる」という言葉が大まかに意識をもった人間について言えるものだとすると、これを必要条件とする知識もまた人間に限られることになる。しかしもし今見たような議論に基づいて信念条件を知識から外すならば、知識をもつのは人間だけでなく動物や機械などおよそ情報を保持しうるものへと広がっていくだろう。

そしてここにおそらく信念条件をどう取り扱うかについての分かれ道がある。

ある文脈では、今後、動物や機械（Siri などの人工知能を含む）に対して積極的に知識を認め、それらのものがさまざまなことを「知っている」と認めるような状況が生じるかもしれない。あるいは別の文脈では、これとは逆に、知識という言葉や概念をあくまでも人間による共同体の内部に限定して使うことが好まれるかもしれない。このような状況になると、「知識」や「知る」という言葉や概念が実際にどう使われるかということよりもむしろ、どのようにそれを使うべきか、どのように使うのが好ましいかという、より困難で、そしておそらくより重要な問題が現れてくるだろう[9]。

1.6.3　知識には「正当化」が必要か

　たまたま当たったような真の信念が知識でないということから、知識には正当さが必要だと考えられてきた。しかしそれを否定する主張もなくはない[10]。その理由として挙げられるいくつかの事例を考えてみよう。

> 「その命題は証明できます」
> 「どうやって？」
> 「まだ細部は詰めていないけど〈すごくスルドイ洞察〉のような方針でいけるはずです」
> 「なるほど」

　数学者はまず結論を見抜き、そのあとに証明を構築することが多いらしい。証明によって結論を知るのではない。しかし結論を見抜いているが証明の細部を完成させていない段階の数学者（たとえば決闘前夜のガロア）はその結論を知っていると言ってよいのではないか。証明がその結論の正当化だとすると、このような事例では正当化がなくても知識があることになる。
　あるいは、ある人が何らかの直観によって「神が存在する」という信念をもち、かつ本当に神が存在するならば、その人は神がいることを知っていると言

---

9)　これについては、主に第5章で考えることになる。
10)　Sartwell (1991), Sartwell (1992).

われるかもしれない。しかしこの信念は通常認められている認識能力によって得られたわけではないので認識的に正当だとは言えない。それゆえ認識的な正当化がなくても知識は成立する。これは改革派認識論と呼ばれる立場の人々が実際に主張することである[11]。

　さらに、「私は以前からそれを知っていた」という表現がある。

> 「A 君がドラフトに指名されたそうだ」
> 「知っていたよ、おれは。あいつに才能があることを」

　きっとこうなるんじゃないか、そうなるはずだ、と思っていたことが実現したとき、私たちはよくそれを「知っていた」と言う。これは正当化条件が必要ないことを示す事例というよりは、正当化条件が過去に向かって適用されたとき、劇的にその基準が下がる事例と考えた方がいいかもしれない。知識に必要な正当化条件が存在するのなら、このような基準の揺れがなぜ起こるのかを説明することも必要になる[12]。

　これらの事例については、それが日常生活で「知っている」を緩く使う例であり、認識論で検討するような厳密な使用でない、と考えることもできるが、その一方で、まさにこのような使用の中にこそ、知識の本質的部分が現れていると考える人々もいる。

　この他にも多くの研究者がさまざまな意味で正当化要件が必要ないと論じているが、それがただちに、たまたま真であるような信念を知識と認めることには直結していない。つまり、正当化要件を否定する論者は、あるしかたで理解された正当化を認めないだけであり、別の（多くの場合は外在主義的な）しかたで理解された正当化でそれを補おうとしていることが多い。

　知識の理解に本当に正当化が必要ないとすれば、それは JTB から J の正当

11）　この立場は認識的正当化についての外在主義なので、この文の「認識的な正当化」はより正確には「内在主義的な認識的正当化」という意味である。改革派認識論については本書8.2.1節を参照。

12）　これは本書第7章の主題である。

化条件を外すというかたちではない、もう少し大きな変更を認識論に迫る可能
性がある[13]。

1.6.4 正当化は自覚されていることが必要か

正当化が必要ないという議論とはやや異なるが、正当化は思考なのか、言い
換えると認識主体が信念の正当さを自覚している必要があるかどうか、という
問題がある。

「A 社と B 社の生命保険、どちらにしようか迷っているのです」
「A 社がいいよ。以前検討したことがある」
「本当ですか。A 社のどこがいいんですか」
「今ちょっと思い出せないんだけどね」

やや情けないがこういうのはよくあることである。内容は忘れたが以前真剣
に検討したことがあり、その結果として A 社がいいと結論したことは覚えて
いる。そして実際に A 社の生命保険の方が B 社のものよりもよいというのが
事実だとする。この会話の人物はそのことを知っていると言えるだろうか。

断定することはできないが、私たちはこういう人にも知識を認める傾向があ
るように思う。経験がある人や何でも知っている人の中にはこういうタイプの
人がいて、詳細は忘れたが要するにこうだというかたちで、かなり信頼できる
アドバイスをたくさんもっている人がいる。そういうものを知識と認めずたん
に偶然真である信念にすぎないと評価するのは、やや直観に反するように思わ
れる。

そうだとすると、正当化に必要とされる証拠は必ずしもその時点で明確に意
識されていなくてもいいことになる。この点は後に第 5 章で証拠とは何かとい
う問題を検討する際に重要になってくる。

これらの問題のいくつかは本書の内容を先取りするものだが、これらの問題

---

13) たとえば知識第一主義は標準分析を否定し、逆に知識という概念を用いて信念や正当化を説明
しようとする。本書の終章を参照。

を考えることを通して知識の標準分析が言おうとしていることにかなり馴染んでもらえたように思う。それでは次のステップに進もう。次の章ではこの知識の標準分析が誤りであるとする有名な反論を見ることにする。

第 2 章

ゲティア問題とは何か

2.1 ゲティアはどのように標準分析を批判したか

　さて、この標準分析に対して根本的な反省を促すことになったのが、エドマンド・ゲティアが1963年に発表した「正当化された真なる信念は知識か」という短い論文である[1]。本章では現代認識論におけるビッグ・バンと呼ばれることもある「ゲティア問題」に目を向けてみよう。

　その前に少し頭を整理するために、これまでのあらすじを振り返っておく。「私は何も知らない」と嘆く前に、そもそも「知っている」とはどういう意味かを考えようということからこの探究は始まった。そしてそれを考えるために「正当化された真なる信念」という標準分析が使えそうだというところまで来た。

　この標準分析の構造は、一つの概念を三つの条件で分析している。正確に言うと「真である（T）」「信じている（B）」「正当化されている（J）」という三つの条件が「知っている（K）」の必要かつ十分な条件だという分析である。論理記号を使うと次のようになる[2]。

$$K \Longleftrightarrow T \wedge B \wedge J$$

---

1) Gettier (1963).
2) それぞれの記号がきちんとした命題を表現していないので、これは厳密な意味での論理式ではないが、各要素の大まかな論理的関係を理解してほしい。

　この主張に反論するには二つの方針がある。一つは前章の後半で試みたように、知識が成立するために三つの条件の少なくとも一つが必要ないと主張することである。たとえば「信じていなくても知っている場合がある」とか「正当化されていなくても知識である事例がある」などというように。これは J, T, B の少なくとも一つが必要条件でないという主張である。

　もう一つはこの三つの条件がそろっているのに知識でない場合があると主張することである。そう。この場合は、JTB が十分でないという主張になる。これから見るゲティア問題はこちらの方針に基づいた反論である。

2.2　正当化された真なる信念が知識でない二つの事例

　ゲティアは正当化された真なる信念が知識に満たない事例として二つの具体的な想定事例を示す。

── ゲティア事例1 ──

スミスはある職をめぐる就職競争のライバルであるジョーンズについて次の命題が真である十分な証拠をもっているとする。

　(P)　就職するのはジョーンズであり、かつ、ジョーンズはポケットに
　　　　 10枚のコインをもっている。

たとえばジョーンズが職を得ることを人事の責任者から直接聞いたとか、少し前にジョーンズのポケットのコインの数を数えたとか、その他あらゆる証拠をスミスがもっていると想定する。
　ところで命題 P が正しいなら次の命題 Q も正しい。

　(Q)　就職する人物はポケットに10枚のコインをもっている。

スミスは二つの命題のこの関係を理解し、P が真であることを根拠に Q を真と認めた。しかしスミスの知らないことだが、実は職を得るのはスミ

スであり、おまけにスミスのポケットには、彼が知らないうちに 10 枚の
コインがあった。この場合 Q は真だが、スミスがその根拠だと考えた P
は偽である。したがってスミスが Q を知っていると言うことはできない。
それにもかかわらず、

1. Q は真であり、
2. スミスは Q が真であると信じていて、
3. スミスは Q が真であると信じることにおいて正当である。

という標準分析が要求する三つの条件を満たすので、標準分析によればス
ミスは Q を知っていることになる。ゆえに標準分析は誤りである。

── ゲティア事例２ ──

スミスは次の命題 P が真であると考える非常に強い証拠をもっていると
する。

(P)　ジョーンズはフォードの車を所有している。

ジョーンズがスミスにそう言った、いつもジョーンズはフォードの車に乗
っている、ジョーンズの家の車庫にフォードがとまっているなど、通常考
えられるあらゆる証拠を手にしていると想定する。このときスミスはその
所在を知らない友人のブラウンのことを考えて、でたらめに以下の三つの
命題を作ったとする。

(Q)　ジョーンズはフォードの車を所有している、または、ブラウンは
　　　ボストンにいる。
(R)　ジョーンズはフォードの車を所有している、または、ブラウン
　　　はバルセロナにいる。

> (S)　ジョーンズはフォードの車を所有している、または、ブラウンは
> ブレスト・リトフスクにいる。

スミスは P が Q, R, S を含意することを理解して、P を根拠に Q, R, S の
それぞれを真であると認めたとする。しかし現実は、スミスが得たあらゆ
る証拠にもかかわらず、実はジョーンズはフォードの車をまだ所有してお
らずレンタルで乗り回しているだけだった。なおかつ偶然にも、そのとき
ブラウンはバルセロナに滞在していた。この場合も R は真でありスミス
は R を信じることにおいて正当化される。それにもかかわらずスミスが
それを知っているとは言えない。ゆえに知識の標準分析が示す三つの条件
は不十分である。

2.3　ゲティアは二つのことを前提する

これが名高いゲティア問題である。引かないでほしい。変な問題だと思った
人が多いだろう。しかし現代認識論がこの問題から始まったこともまた事実で
ある。ここはぐっと我慢して、なぜこれが興味深い問題なのかをいくらかでも
理解できるようにがんばってみよう。

まず、ゲティアがこの短い論文の冒頭近くで次の二つの前提を置いているこ
とに注意したい。

1. P が偽であるとしても主体 S が P を信じることにおいて正当化されると
   いうことがありうる。
2. 正当化にかんして論理的含意の閉包原理が成立する。

前者は、知識の標準分析で正当化が真を含意しないということである。これは
J, T, B という三つの条件が相互に独立だと考えるなら当然のことであり、標
準分析にとってきわめて重要な主張である。

もしもこの前提を否定して「S が P を信じることにおいて十分に（または完

全に）正当化されるならば P は真である」という前提を置くならば、知識の分析に「真」の条件は必要ないことになるだろう。そして、知識とは十分に正当化された信念だということになる（$K=JB$）。さらに、もしも正当化の対象は信念であり、したがって正当化条件が満たされるときには常に信念条件も満たされているという立場を採れば、信念条件も必要なくなり、知識とは（認識的に）十分に正当化されている状態だという主張になる（$K=J$）。

　このような考えがただちに間違いとは言えないが、少なくとも先に見た標準分析 $K=JTB$ はそのような立場ではない。言い換えれば、知識を標準分析によって三つの要素に分解すること、とくに真理条件と正当化条件を分離させることは認識論的にすでに一つの大きな態度決定をしているとも言える。この点を踏まえることがゲティア問題を理解するための最初の一歩である。

　もう一つの前提は、「ならば」という言葉で表現される論理的な含意関係が正当化にかんして閉じているという前提である。ゲティアの言葉では以下のようになっている。

　　どんな命題 P にとっても、もし S が P を信じることにおいて正当化され、かつ P が Q を含意し、かつ S が Q を P から演繹し、かつ Q をこの演繹の結果として受け入れるならば、S は、Q を信じることにおいて正当化される。

「閉じている」という言い方はもともと数学（代数学）の用語で、ある集合 S の要素にある演算 O を施した結果がやはりその集合 S の要素になっているとき「集合 S が演算 O について閉じている」と表現する。このとき集合 S には演算 O が定義されているので、安心して演算 O を集合 S の中で使うことができる。

　たとえば自然数の集合は、足し算という演算について閉じている。自然数同士を足し合わせると答えも自然数になるからである。しかし引き算については閉じていない。3から5を引くと答えは自然数でない数つまり -2 という負の整数になるからである。

　ゲティアがここで前提に置くのは正当化についての閉包原理だが、現代認識

論では知識についての閉包原理がよく知られており本書でも第7章で扱うので、ここで少し立ち入って説明をしておこう。

　知識の領域の中で論理的含意を自由に使っていいとき、以下のような推論が成立する。

　1. S は P を知っている。
　2. S は P ならば Q である（P が Q を含意する）ことを知っている。
　3. ゆえに、S は Q を知っている。

このとき、知識は「知られている論理的含意のもとで閉じている」（closed under known logical implication）と言われる[3]。

　これは以下の推論と異なることに注意しよう。こちらは単純なモドゥス・ポーネーンス（modus ponens）[4] であり、これが成り立つのは論理によるのであって「知っている」の意味とは関係ない。

　1. S は P を知っている。
　2. S が P を知っているならば、S は Q を知っている。
　3. ゆえに、S は Q を知っている。

　さて話を戻して、問題の閉包はいつも成り立つとは限らない。たとえば「後悔する」は知られている含意のもとで閉じていない。もし閉じていたなら次の推論が妥当となる。

　1. S は、昨夜パーティーで飲みすぎたことを後悔している。
　2. S は、昨夜パーティーで飲みすぎたことは昨夜生きていたことを含意することを知っている。
　3. ゆえに、S は、昨夜生きていたことを後悔している。

---

3) Dretske (2005, p. 14).
4) P ならば Q である、P である、ゆえに Q であるという形式の推論規則。前件肯定式とも言う。以下 MP と省略することがある。

しかし飲みすぎたことをそこまで激しく後悔することは稀であろう。ゆえにこの推論は妥当でない。このような推論が成り立つかどうかは「知識」や「後悔」のような言葉の意味にかかわっている。

　閉包原理についてのイメージをつかんでいただいたところで話をゲティア問題に戻す。ここでゲティアが前提にするのはこの知識についての閉包原理ではなく正当化についての閉包原理である。つまり正当化されている命題の集合が知られている（あるいは正当化されている）論理的含意のもとで閉じていることを前提する[5]。

　ゲティア事例 1 では、

(P)　就職するのはジョーンズであり、かつ、ジョーンズはポケットに 10 枚のコインをもっている。

が、

(Q)　就職する人物はポケットに 10 枚のコインをもっている。

を含意することから、スミスは Q を受け入れた。正当化についての閉包原理のもとでは、スミスが P を信じることが正当なら Q を信じることも正当である。

　ゲティア事例 2 では、

(P)　ジョーンズはフォードの車を所有している。

が、

(R)　ジョーンズはフォードの車を所有している、または、ブラウンはバルセロナにいる。

---

5)　この箇所のゲティアの説明は短いので、彼がここで前提にする閉包が、知られた含意のもとでなのか正当化された含意のもとでなのかははっきりしない。

を含意し、かつスミスはその論理的な関係を了解しているので、この前提によれば、スミスが P を信じることにおいて正当であるならば R を信じるのも正当である。

　それゆえスミスはいずれの事例でも、正当化された真の信念をもっている。ゆえに知識の標準分析によれば、スミスはいずれの事例でも知識をもっていることになる。しかし、これは私たちの「知識」についての直観的な理解に反する。ゆえに、知識の標準分析は「知識」についての私たちの直観的な理解を正確に反映していない。これがゲティア論文の主張である。

2.4　ゲティア問題へ接近してみる

2.4.1　論述の構造

　それでは、このゲティアの主張に対して私たちはどのように応じるべきだろうか。確認すると、ゲティアの論文は次のような構造になっている。

1. 知識の標準分析の提示
2. 二つの前提
   (a)　信念要素と真理要素の分離
   (b)　正当化についての閉包原理
3. 二つの反例
   (a)　事例1
   (b)　事例2

大きな構造としてこれは反例を用いた論証である。反例（counterexample）とは一般に「ある条件を満たすものはすべてこれこれである」という主張が間違いであることを示すために持ち出される、その条件を満たしているのにそれではないもののことである。

　「すべてのカラスは黒い」という命題が偽であることを証明するためには、一羽の白いカラスを見つければよい。この白いカラスがこの命題の反例である。ゲティアの主張は、「正当化、真、信念という標準分析の三つの条件を満たし

ているものはすべて知識である」という主張が間違いだということであり、それを示すために持ち出すのが二つのゲティア事例という反例である。

　一般的に反例を用いた論証を検討するときには、それが本当にきちんとした反例になっているか、たとえば恣意的な隠された前提を滑り込ませていないかということなどに注意する必要がある。ゲティアの議論を検討するときにも、その意図どおりに知識の標準分析が間違っているという結論を導くためには、そこに含まれている前提が正しいかどうか、示された反例が本当に反例かどうかを確かめる必要がある。以下に順番に検討していこう。

2.4.2　そもそも証拠が甘いのでは

　まずゲティアが示す二つの事例は本当に反例なのだろうか。言い換えると、本当に知識の標準分析を満たしながら知識でない事例を描いているだろうか。

　ゲティア事例から感じる不満でもっとも素朴で強力なのは、おそらく、その「証拠」とされているものの甘さ、不十分さだろう。事例1では、スミスが、職を得るのがジョーンズであることの十分な証拠をもっているとされる。しかし結局その証拠は間違いで、ジョーンズが職を得ることはなかった。ということはつまり、スミスが証拠だと思っていたことは実は証拠ではなく、たんに証拠に見えたものにすぎない。本当に証拠をもっていると言うのなら、その人事を決定するしかるべき会議の議事録を確認するとか、任命のための文書を見るとか、もっと強い証拠をもっている必要があると思われる。

　同じように事例2では、ジョーンズがフォードを所有しているという証拠をスミスがもっていることになっているが、やはりその証拠は間違いで、ジョーンズはレンタカーに乗っていた。この場合も、スミスの証拠は甘いのであって、証拠というならば、たんにジョーンズの証言やフォードを乗り回すジョーンズの日常の姿だけでなく、自動車の所有権にかんするしかるべき書類を確認するなどして決定的な証拠をつかんでいなければならないのではないか。

　しかしすでに指摘したように、正当化要素を真理要素から分離させるという方針を採るかぎりこの対応策はルール違反である。

　ある主張を正当化することと、ある主張が真であることを証明することとのあいだには雲泥の違いがある。通常の真理の対応説をとるならば、ある命題が

真であることとは、その命題の内容が事実上成立していることである。たとえば「雪が降っている」が真であるとは、実際に雪が降っていることである。しかし私たちは雪でないので、本当に降っているかどうかは見て感じて確かめるしかない。ところが私たちの精神は身体を介してしか外界と接触しないので、どうしても直接的に事実を把握することは困難である（と論じることが可能である）。この筋で考えると、人間は少なくとも経験的で偶然的な事柄について、自らの信念が真であることを保証するような証拠を得ることができず、許されているのはせいぜいその信念が認識的に正当であることを示すことだけだ、と言えるのかもしれない。

　この点を別の方向から見ると、正当化要素を真理要素から分離させることは、懐疑論に対する耐性を得ることにつながる。つまり、私たちが知識を得るためには事実や真理に到達する必要があるという懐疑論者の要求を退け、そうではなく私たちに求められるのは認識的正当化、つまり（それが何であれ）認識的に正しいということであって真理に到達することではないという論陣を張ることができる。これは撤退だが敗北ではない。懐疑論という強力な相手に対してこれは悪くない戦略だと言えるかもしれない。

2.4.3　本当に反例と言えるのか

　ゲティア論文の中心は、もちろん有名な二つの反例である。これらの事例でスミスがもっている信念は、正当化され真であるにもかかわらず知識でないとされる。しかしどうして知識でないかについては読者の直観に委ねられているだけで何の説明もない。スミスの信念が知識でないことは説明がいらないほど明らかなことなのだろうか。

　たとえば次のように言う人がいたらどうだろうか。

　「就職する人のポケットに10枚のコインがある」や「ジョーンズはフォード車を所有している、またはブラウンはバルセロナにいる」は、たしかに通常のかたちで真になっていない。だから普通の知識とはちょっと違う。しかしいずれにしても真である。それにちゃんとスミスの立場から認識的に正当化もされている。だからこれは「知っていない」や「知識でない」と判定され

る事例ではなく、むしろ「辛うじて知っている」「普通ではないがとりあえず知っている」と判定すべき事例ではないか。

　このような意見は、私たちがスミスの立場に立って考えると説得力を増すように思われる。最初の事例だと、スミスは就職する人はジョーンズだということと、ジョーンズのポケットに 10 枚のコインがあることについて、十分に正当な根拠をもっている。もしそれが真であったならば、つまりスミスの正当化された信念が語るとおり職を得るのがジョーンズでありジョーンズのポケットに 10 個のコインがあったならば、スミスはそれを問題なく知っていたはずである。それがわざとらしく空想的な偶然によって事実でないことになり、さらに偶然が重なって「就職する人のポケットに 10 枚のコインがある」という命題が真となったが、スミスにとって認識的な落ち度がまったくないことは変わらないだろう。

　おそらくゲティアの事例でスミスに知識を認めないという直観は、すべての人に共通する自明なものとまでは言えないかもしれない。おそらく違和感を抱いたり反対する人はいる。それはおそらく、知識にとって重要なのが真よりもむしろ正当化だと考えることができるからだと思われる。これらの事例では、不幸にもスミスの正当化された信念の中には偽の信念が含まれていた。しかしその信念は認識的に正当化されているので、スミスにとってはまったくの不運としか言いようがない。

　そうすると、知識にとって本質的に重要なことが正当化であるという印象を強めるような事例を考えることができれば、ゲティア事例を破壊することができるはずである。やってみよう。

知識が大事

ゲティア事例 1 でスミスが妙な信念をむりやり作っているのは、実は彼が特殊なコンテストに出場しているからであった。それは「知識コンテスト」と呼ばれるもので、嘘や臆測や思い込みが蔓延する社会に危機感を募らせ、証拠に基づいた知識の重要さを広めることを目的とする NPO「知識が大事」が主催したものだった。「知識が大事」の講師たちは参加者に、

情報の集め方、その検討のしかた、証拠から結論への推論の積み重ね方などを講習会で教えてきたが、今日のコンテストは受講生たちがその成果を発表する場である。見事に証拠を使いこなして知識を得た受講生には「知識で賞」という賞が与えられる。さてわれらがスミスくんもこのコンテストに出場し (a)「職を得るのはジョーンズだ」ということ、(b)「ジョーンズのポケットに 10 枚のコインがある」こと、そして (c)「職を得る人のポケットに 10 枚のコインがある」ことをその見事な証拠処理能力を駆使して発表した。不幸にも通常ならありえない偶然のせいで (a) が偽だということがあとからわかったが、スミスくんの正当化の手際は他の受講生に劣らず知的でエレガントなものだった。このためスミスくんは、このコンテストで見事「知識で賞」を獲得することができた。

このストーリーでは、知識の有無の問題がほぼその正当化の手際が優れているか否かという問題にすり替わり、信念が真かどうかはさほど重要でないという印象になっている。こういう人工的な状況ならスミスに知識を認めることもありうるであろう。

このように、ゲティア事例が標準分析の反例であることそれ自体を批判することが不可能であるわけではない。しかしこのような批判は「知識」という概念が文脈に応じてある程度の揺れを含むとか、あるいは日常生活の中である程度の意味の幅をもって用いられることを示すのではあっても、ゲティアの問題提起を無効化するほどの威力はないであろう。

そこでゲティア問題が反例として成立しているかどうかの検討はここまでとして、これ以後はこのゲティア問題に対する比較的初期の代表的な対応を見ていくことにしよう。

2.5　挑戦 1——証拠の品質をもっと上げよう

2.5.1　偽の前提が含まれていてはいけない

「就職する人のポケットに 10 枚のコインがある」「ジョーンズはフォードを

所有している、または、ブラウンはバルセロナにいる」というスミスの信念は、やはり通常の文脈では知識でないと考えるのが自然である。

ゲティアの二つの事例で、なぜスミスは最終的に知識をもたないのか。それはどちらの事例でも明らかであるように見える。事例1でスミスは就職するのがジョーンズであるという事実誤認をしていて、それが「就職する人のポケットには10枚のコインがある」という信念の根拠となっている。事例2ではジョーンズがフォードの車を所有しているという事実誤認があり、その誤認に基づいて正当化される命題が作られている。

知識は誤解や誤認から生じるものではない。知識と言うからには事実や真実に基づいていてもらいたい。標準分析の言葉を使うならば、真である信念が認識的に正当なものと認められるためには、その信念の根拠が誤解や誤認でなく事実や真実であることが要求されるように思われる。

そうすると知識の定義を修正するのは簡単で、以下のように新たに第四の条件を加えればよい。

S が H[6] を知っているのは、以下の条件が満たされるときであり、かつそのときに限る。

1. S は H を信じている。
2. H は真である。
3. S は H を信じることにおいて正当化されている。
4. S が H を信じる根拠の中に、偽が含まれていない。──New!

これは「偽の前提を認めない」（No false lemmas）と呼ばれる方針で、実際にゲティアの論文が発表された直後はこの方針で知識の定義を修正することが試みられた[7]。知識がこのように定義されるとすると、事例1でも事例2でも、スミスは4番目の条件を満たさないので、知識をもっていないことになる。

しかし哲学の世界では、このような対応を「対処療法的」（ad hoc）と言って

---

[6] これまで知識の対象となる命題を P という変数で示してきたが、本章ではこれ以後、レーラーやハーマンらの論文での表記に合わせて、それを示すのに H という変数を用いる。

[7] 最初期の例としては、Clark (1963) がある。

警戒する。ある問題が明らかになったとき、その問題に対応するために細部を変更したり新しい規則を加えたりすると、そのためにそれまでうまくいっていた別の方面に問題が生じ、また新たな対応を迫られるという泥沼にはまり込むことがよくある。

　この場合も新しい条件を加えたので、その条件のせいで不都合が生じないかを注意深く見る必要がある。加えたのは証拠の中に証拠のように見えて実は偽であるような信念が含まれていないことという条件だが、このような条件を加えて大丈夫だろうか。

　この問題に取り組んだ古典的な論文に、キース・レーラーの「知識、真理、証拠」[8] があるので、その内容に沿って考えてみよう。ちなみにこの論文の中でレーラーは、ゲティア事例の細部を簡略化した以下のようなバリエーションを示したが、こちらの方がシンプルで拡張性が高いこともあり、本家を差し置いて、こちらが「ゲティア事例」として想定されることがある[9]。

── レンタルくん ──────────

二人の人がオフィスに入ってくる。一人はレンタルくん、もう一人はオーナーくんだ。レンタルくんはたった今フォードから降りてきて、その車を買ったばかりだとわたしに言った。彼は私に彼がそのフォードを所有していることを示す証明書を見せた。その上レンタルくんは私の友人で、彼が誠実で嘘をつかないことを私はよく知っている。この証拠に基づいて私は、

　　(P_1)　私のオフィスにいるレンタルくんがフォードを所有している。

と信じることにおいて完全に正当化される。私はこれから、

　　(H)　私のオフィスにいるだれかがフォードを所有している。

---

8)　Lehrer (1965).
9)　Ibid., pp. 169-179. オリジナルの登場人物の名は Mr. Nogot と Mr. Havit. カタカナで音訳したのでは意味不明なので、意味を酌んで意訳した。

と推論できる。私は H を信じることにおいて完全に正当化される。しかし私の証拠に反してレンタルくんは私を欺いていて、彼はフォードを所有していないと想像してみよう。さらにその部屋にもう一人だけいるオーナーくんがフォードを所有しているが、私はそれについて何の証拠ももっていない。

　さてこの事例に第四の条件を加えた新しい知識の定義を当てはめると、私の

　(H)　このオフィスにいるある人がフォードを所有している。

という信念は、

　(P_1)　レンタルくんがフォードを所有している。

という偽の証拠[10]に基づくので知識でないことになる。これは望ましい結果である。

　しかしレーラーによればこの第四の条件は厳しすぎる。この事例を少し変更して、私が、

　(P_2)　オーナーくんがフォードを所有している。

についても十分に正当な証拠をもっているとする。これを【レンタルくんとオーナーくん】の事例と呼ぼう。この事例だと、P_1 が偽であっても P_1 と P_2 から導かれた H は知識だと考えられる。なぜなら P_2 は単独で H の十分な証拠だからである。一般に、複数の十分な証拠があるとき、そこに多少の偽が混入していても結論として得られた信念は知識であるように思われる。こう考える

10)　以下の論述で「偽の証拠」という表現が何度か出てくる。この信念は偽なので厳密には証拠とは言えないかもしれないが、ある信念を正当化するような正当化された偽の信念のことを、簡便のために「偽の証拠」と呼ぶことにする。

と、新たに加えられた第四の条件は知識の条件として厳しすぎることになる。

　逆にこの「偽の前提を認めない」という条件は、知識の条件として必要ないと考えられる事例もある。たとえば私がこのレンタルくんについての命題を経由せずに、直接「このオフィスにいるある人がフォードを所有している」という信念をもつとしたらどうだろうか。つまり私がもっている証拠にもとづいて「レンタルくんがフォードを所有している」という信念を経由せずに、直接「このオフィスにいるだれかがフォードを所有している」と考えたとする。するとこの信念の証拠は以下のとおりだが、これらはすべて真である。

　(a)　私はレンタルくんがフォードから下りてくるのを見た。

　(b)　私はレンタルくんがフォードを所有していることを示す証明書を見た。

　(c)　レンタルくんは（少なくともそれまで）嘘をつかない実直な人間だ。

　(d)　その他諸々の事実。

したがって「偽の前提を認めない」という新たな条件を加えた定義によると、この私の「このオフィスにいるだれかがフォードを所有している」という信念は知識だということになる。しかし私に知識を認めることはためらわれる。なぜなら私は、それらが「レンタルくんがフォードを所有している」ことの証拠だと想定しているからである。

　偽の前提を認めないという方針は、次の事例を考えるとますます怪しくなる。場合によっては偽の前提が根拠となって生まれた信念ですら、知識と認められることがある。

―― 草原の動物 ――

S氏が草原を見て何か大きい動くものが見えたとする。その動きや姿などから判断してS氏はそれを牛だと考えた。そして「草原に牛がいる」という信念を抱いた。いまその信念は十分に正当化されていて、どこからどう見てもそれは牛にしか見えないと想定しよう。そしてその「草原に牛がいる」という信念に基づいてS氏は「草原に動物がいる」という信念を抱いたとする。しかし実際には、それは牛ではなくがっしりした体躯の大

きな馬だったとする。専門家でも間違うような牛によく似た馬だった。

　この場合「草原に動物がいる」という S 氏の信念は「草原に牛がいる」という偽の証拠に基づいている。しかしそれでもなお「草原に動物がいる」という S 氏の判断は正当であり知識と認められるように思われる。

　「偽の前提を認めない」という考え方の問題点をおおまかにまとめると以下のようになる。この方針は完璧な知識を求めすぎていて実際に私たちの社会で流通している知識の概念に合わないのではないか。私たちはさまざまな証拠に基づいて知識を得るが、その中に一つも偽が含まれていないというようなことがあるだろうか。言い方を変えると、一つでも偽が含まれていたらそれは知識でないのだろうか。

　たとえば科学者が非常に多くの実験データに基づいてある理論を打ち立てたとする。その理論は画期的なもので、多くの現象を説明し見事な予言を行うことができる。しかしその多くの観測の中に一つだけ、機器の故障によって正確でないデータがあったとする。たとえば 1,000,000 のデータの中に 1 つだけそのようなものがあったとする。するとこの定義によればその理論は知識でないことになる。

　科学的なデータ処理は日常的な知識と違う面があるので一概に論じることはできないと考える人は、この事例を日常的なものに変えるとよい。私がたくさんの情報に基づいて、来月 1 日に新しいスーパーが自宅から徒歩 3 分の路地に開店するという正しい信念を得たとする。それは新聞広告に書いてあるし、インターネットのニュースにも流れている。そのスーパーの SNS でも宣伝されているし、隣の奥さんもそう言っている。しかしこのとき隣の奥さんは、何かの勘違いで自分の故郷の実家の近くに新しくできるスーパーのことを考えてそのように言ったとする。このとき、この一つの間違った情報が含まれているために、私はその新しいスーパーの開店日を知っていないことになるだろうか。

　偽の証拠が混入していることはたしかによいことではない。しかしそれが常に知識を否定するほど致命的なことではないように思われる。

2.5.2　偽の前提が含まれていてもよい条件を特定する

このように、偽の前提を認めないという方針は単純にはうまく行かない。ある場合には、偽の前提が含まれていても、そこから生まれた信念が知識と認められることがある。しかしゲティア事例で明らかにおかしいのは、正当化された偽の信念から正当化された真の信念が生じている部分なので「偽の前提を認めない」という方針は大きく的を外していないように思える。ある特殊な事例で偽の前提があっても知識が成り立つとすれば、そのような特殊な事例が成立する条件を特定することによって、知識の定義にたどり着けるかもしれない。では、それは一般的にどのような条件だろうか。

直観的に、偽の前提 P があるにもかかわらず結論として導かれた H が知識と認められるためには、P を正当化する証拠以外に H を正当化する十分な証拠がある場合だと言いたくなる。これを厳密に表現すると以下のようになる。

【案 1】
S が、H を含意する（しかし H によっては含意されない）任意の P という偽の命題[11]を信じることで完全に正当化される場合には、S は P のためにもっている証拠に加えて、彼が H を信じることを完全に正当化するのに十分な証拠をもっていなければならない[12]。

【レンタルくん】の事例だと (P)「レンタルくんがフォードを所有している」という偽の信念が (H)「オフィスのだれかがフォードを所有している」を含意するのだが、S は H を正当化する P 以外の証拠をもっていない。それゆえ、案 1 の条件を満たさないので、この P という偽の信念が致命傷となって知識が成立しないというわけである。

しかしこの案は【レンタルくんとオーナーくん】の事例をうまく説明できな

---

11)　原文は statement であり、「言明」と訳されることが多いが、以下の論述では他の箇所との統一のために、通常 proposition の訳語として用いられる「命題」をあてる。「言明」と「命題」の違いは本書の議論にあまり影響せず、かえってこの訳し分けが読者の余計な混乱を引き起こすことが懸念されるからである。

12)　レーラーの原論文の条件 (iv a)。Cf. Lehrer (1965, p. 171). 以下の本書の論述では、原文の記号を少し変更している。

い。ここで関係している正当化された信念とそれらの真偽は以下のとおりである。

(P_1) オフィスにいるレンタルくんがフォードを所有している。（偽）

(P_2) オフィスにいるオーナーくんがフォードを所有している。（真）

(P_3) オフィスにいるレンタルくんとオーナーくんがフォードを所有している。（偽）

(H) オフィスにいるだれかがフォードを所有している。（真）

私は P_1 と P_2 の両方について十分な証拠をもっている。だから P_3 についても私は完全に正当化されている。この P_3 という偽の信念に基づいて H を結論するのだが、私は P_3 を正当化する証拠以外に H を正当化する証拠をもっているわけではない。つまりこの事例は案1の条件を満たさないにもかかわらず、P_3 という偽の信念は致命傷となっていない。したがって案1は【レンタルくんとオーナーくん】の事例を説明できない。

　レーラーはくじけずに考える。偽の証拠があってもいいのは、それ以外の証拠が、偽の証拠を補って十分に働いている場合だが、これらの証拠が当の偽の証拠を正当化してはならないと考えてはどうか。

【案2】

S が、H を含意する（しかし H によっては含意されない）任意の P という偽の命題を信じることで完全に正当化される場合、S は H を信じることを完全に正当化するのには十分だが P を信じることを正当化するには十分でない証拠をもっている[13]。

【レンタルくん】の事例では、私がもつ証拠が「オフィスのだれかがフォードを所有している」という真の信念を正当化するが「レンタルくんがフォードを所有している」という偽の信念も正当化してしまうので、この基準をクリアし

---

13)　レーラーの原論文の条件 (iv b)。Cf. Ibid., p. 172.

ない。

　【レンタルくんとオーナーくん】の事例では、私がもつ証拠の一部分である「オーナーくんがフォードを所有している」が「オフィスのだれかがフォードを所有している」という真の信念を正当化するが「レンタルくんがフォードを所有している」という偽の信念は正当化しないので、この条件をクリアする。したがってこの場合、偽の前提があっても最終的な信念 H「オフィスのだれかがフォードを所有している」は知識と認められる。いい調子だ。

　このようないくつかの試行錯誤を経て、レーラーは次のような条件にたどり着く。すなわち、偽の証拠があってもいいのは、かりにそれを偽だと想定したとしても、依然としてそれ以外の証拠がちゃんと働いて信念を正当化し、知識を生み出す場合である。

　【案 3】

　S が、H を含意する（しかし H によっては含意されない）任意の P という偽の命題を信じることで完全に正当化される場合、かりに S が、P が偽だと想定したとしても、S は H を信じることにおいて完全に正当化されたであろう[14]。

【レンタルくん】では、かりに S 氏が P「レンタルくんがフォードを所有している」という信念が偽であると想定した場合、H「このオフィスのだれかがフォードを所有している」という信念もその根拠を失ってしまうので、そう信じる正当性がなくなってしまう。したがってこの追加条件を満たさず、知識と認められない。

　【レンタルくんとオーナーくん】では、「レンタルくんがフォードを所有している」という信念を偽だと想定しても「オーナーくんがフォードを所有している」という正当化された信念から結論を導けるのでこの条件を満たす。

　さらに【草原の動物】の事例では、かりに S 氏が P「草原に牛がいる」という信念が偽だと想定したとしても、しかしそれが少なくとも動物であること

---

14)　同じく原論文の条件 (iv c)。Ibid., p. 174.

は間違いないので[15]、H「草原に動物がいる」という信念は依然として正当である。それゆえこの事例でも、Pという偽の前提があっても知識が成立する。

　すばらしい。私たちはついにゲティア問題を克服したのだろうか。

2.5.3　残念な結果──分析の崩壊

　レーラーのこの論文が発表されてまもなく、ハーマンが鋭い分析を行って、それが大きな問題を含むことを指摘した[16]。

　レーラーの【案3】が言うのは、証拠の中に含まれていてもいい偽の命題Pとは、かりにそれが偽だと想定しても、主体Sが完全に正当化されるような命題だということである。つまりそれ以外の証拠によるバックアップが十分に働いているので、そのような偽の証拠を無視してもよいというわけだ。

　しかしハーマンによれば、この【案3】にも反例がある。それは、そのようなバックアップの証拠もすべて偽であるような場合である。たとえば、レンタル太郎とレンタル次郎という二人の兄弟がいて、二人ともフォードを所有しているふりをしているが実際には借りているとする。彼らの偽装は完璧なので、私は、「レンタル太郎がフォードを所有している」（G）という信念と「レンタル次郎がフォードを所有している」（F）という信念の両方において完全に正当化されているとする。そしてこれらの証拠だけに基づいて「オフィスのだれかがフォードを所有している」（H）と、十分に正当化されたかたちで信じているとする。そしてお決まりだが、私がまったく意識していないオフィスの隅にオーナーくんがいて、彼はフォードの所有者である。

　この事例は【案3】の条件をクリアする。なぜなら、GもFも、Hを含意する偽の命題だが、Gを偽だと想定すればFを根拠にして、またFを偽だと想定すればGを根拠にして、相変わらず私はHを信じることにおいて完全に正当化されるからである。

　しかし、明らかにこの場合に私はHを知っていない。ゆえに、この事例は【案3】に対する反例となる。

---

15)　このため、もともとの「草原に牛がいる」という信念は、「草原に動物がいる、しかもそれは牛である」というような複合命題だと解釈する方がいいかもしれない。

16)　Cf. Harman (1966).

　ハーマンは、このような場合には、Hを含意するより複雑な偽の命題を構成することができて、その命題が偽だと想定することによって、このような反例を回避できる可能性を指摘する。

　この場合だと、$(F \lor G) \land ((F \lor G) \to H)$ という命題がそれに相当し（このようにして構成される複雑な命題を X とする）、これを偽だと想定すると、もはや私は H を信じることにおいて完全に正当化されることがない[17]。

　しかし問題は、この状況で私がこの複雑な命題 X を信じることにおいて完全に正当化されるかどうかである。この命題は、この状況で私がもっている証拠から論理的に帰結するので、正当化されることはもちろん可能だが、もしかすると私はこの論理的な関係を見て取ることができないかもしれないし、誤った推論に基づいて X を信じるかもしれない。この可能性が排除できない以上、私が常にこのような X を信じることにおいて現実に正当化されているとは言えない。

　それゆえ、【案3】は修正されるべきである。修正点は今述べたこと、すなわち、主体 S が、このような X を信じることにおいて正当化されているという条件を外してやることである。ハーマンは次の修正案を示す。

【案3a】
　　もし P が S が信じることにおいて完全に正当化される命題によって含意され、H を含意する（しかし H によっては含意されない）偽の命題ならば、かりに S が、P が偽だと想定したとしても S は H を信じることにおいて完全に正当化されたであろう[18]。

必ずしも S が P それ自体を現実に信じることにおいて正当化されていなくてもいいが、P は S が現実に信じている諸命題から帰結することが必要だということである。先の例だと、S が、$(F \lor G) \land ((F \lor G) \to H)$ という命題を信じることにおいて現実に正当化されていなくてもいいが、F と $F \to H$、G と $G \to H$ については現実に正当化されていなければならない。

---

17)　証明は省略するので読者自身で確かめてほしい。
18)　ハーマンの原論文の条件 (iv d)。Cf. Ibid., p. 243.

しかし、ハーマンによれば、このような条件緩和は分析の崩壊を招く。【案3a】の前件（「もし……ならば」の部分）には以下の四つの条件が含まれている。

1. P は、S が信じることにおいて完全に正当化される命題によって含意される。
2. P は H を含意する。
3. H は P を含意しない。
4. P は偽である。

しかしハーマンによれば、最後の条件以外は省略できる。

　まず3について、想定上 H は真の命題でありまた P は偽の命題なので、H が P を含意しないことは当然である[19]。したがって【案3a】のカッコ内の「（しかし H によっては含意されない）」という部分は不要である。

　次に2について、S がそれを信じることにおいて完全に正当化される命題から帰結するにもかかわらず偽であるような任意の命題を R とすると、それを用いて $(R \land H)$ という命題を作ることができる。この命題自体が【案3a】のすべての条件を満たす。すなわち、S がそれを信じることにおいて完全に正当化される命題から帰結する[20]偽の[21]命題であり、かつ H を含意する[22]。それゆえ $(R \land H)$ は【案3a】の命題 P の一例である。

　そうすると【案3a】にしたがって、S が H を知っているかどうかを調べるためには、かりに S が $(R \land H)$ が偽だと想定したとしても S は H を信じることにおいて完全に正当化されるかどうかを調べることになる。しかし、$(R \land H)$ が偽だと想定するとは R と H の少なくとも一方が偽だと想定することだが、S が H を偽だと想定しながら H を信じることにおいて完全に正当化されることはありえない。よって、S が偽だと想定すべき命題は R だけでよい。

　これらの考察は以下の推論が正しいことを示している。

---

19)　H が P を含意するとすると、H は真なので MP により P も真のはずである。
20)　R も H も、S がそれを信じることにおいて完全に正当化される命題であることに注意。
21)　連言肢 R が偽なので。
22)　$(R \land H) \to H$

1. もし P が、S が信じることにおいて完全に正当化される命題によって含意され、H を含意する偽の命題ならば、かりに S が、P が偽だと想定したとしても S は H を信じることにおいて完全に正当化されたであろう。（案3a）

2. R は、S がそれを信じることにおいて完全に正当化されている命題から帰結する偽の命題である。（仮定）

3. $R \wedge H$ は、S が信じることにおいて完全に正当化される命題によって含意され、H を含意する偽の命題である。

4. かりに S が、$R \wedge H$ が偽だと想定したとしても S は H を信じることにおいて完全に正当化されたであろう。（1, 3, MP）

5. S が、H を偽だと想定することはないので、S が $R \wedge H$ を偽だと想定することは S が R を偽だと想定することである。（選言的三段論法）

6. かりに S が、R が偽だと想定したとしても S は H を信じることにおいて完全に正当化されたであろう。（4, 5）

このように、2を仮定すると6が帰結し、ハーマンはこれを【案4】として提示する。逆方向に【案4】から【案3a】が導かれることはほぼ自明なので、以上の議論によって【案3a】は【案4】と同値であることがわかる。

【案4】

　もし P が、S が信じることにおいて完全に正当化される命題によって含意される偽の命題ならば、かりに S が、P が偽だと想定したとしても S は H を信じることにおいて完全に正当化されたであろう[23]。

最後に43ページの1の条件を考えよう。一つの仮定を置く。それは、それを信じることにおいて完全に正当化されているが実は偽であるような命題が少なくとも一つは存在するという仮定である。実際にそういうことは十分に考えられるし、そう考えないのは正当化条件と真理条件を分離させるという当初の方

---

23)　ハーマンの原論文の条件 (iv e)。Cf. Ibid., p. 243.

針に反する。そのような命題を T としよう。

　次に、任意の偽の命題 R を考えて、$(T \lor R)$ という命題を構成しよう。この命題は先の二つの条件を満たす。なぜなら、T と R はどちらも偽なので $(T \lor R)$ も偽であり（条件4）、また、$(T \lor R)$ は S が信じることにおいて完全に正当化される命題 T によって含意される（条件1）[24] からである。ゆえに命題 $(T \lor R)$ は P の一例である。

　したがって【案4】によれば、S が H を知っているかどうかは、かりに S が、$(T \lor R)$ が偽だと想定したとしても S は H を信じることにおいて完全に正当化されたかどうかにかかっている。

　ところで、$(T \lor R)$ を偽だと想定することは T と R の両方が偽だと想定することだが、両方を偽だと想定しても成り立つことは、片方だけを偽と想定しても成り立つはずである。二つの証拠が使えなくても言えることは、そのうちの一つの証拠だけが使えなくても言えるであろう。したがって「かりに S が、T と R の両方が偽だと想定するとしても」という条件の部分を「かりに S が、R が偽だと想定するとしても」に弱めても、S は H を信じることにおいて完全に正当化されたであろうという帰結は保たれる。

　これらの考察は以下の推論が成り立つことを示している。

1. もし P が、S が信じることにおいて完全に正当化される命題によって含意される偽の命題ならば、かりに S が、P が偽だと想定したとしても S は H を信じることにおいて完全に正当化されたであろう。（案4）

2. S は T を信じることにおいて完全に正当化されているが、T は偽である。（仮定）

3. R は任意の偽の命題である。（仮定）

4. $T \lor R$ は、S が信じることにおいて完全に正当化される命題によって含意される偽の命題である。（2と3より）

5. かりに S が、$T \lor R$ が偽だと想定したとしても S は H を信じることにおいて完全に正当化されたであろう。$(1, 4, MP)$

---

24)　$T \to (T \lor R)$

6. かりにSが、TとRが偽だと想定したとしてもSはHを信じることにおいて完全に正当化されたであろう。(「または」の否定則)

7. かりにSが、Rが偽だと想定したとしてもSはHを信じることにおいて完全に正当化されたであろう。(「かりに～としても」の条件緩和)

このようにして、1と2を前提にすれば、3の仮定のもとで7が導かれ、「3であれば7である」と言える。それがハーマンが次に示す【案5】である[25]。つまりハーマンによれば、レーラーの【案3】は、2の前提のもとで次の【案5】と同値である[26]。

【案5】

もしPが偽の命題ならば、かりにSが、Pが偽だと想定したとしても、SはHを信じることにおいて 完全に正当化されたであろう[27]。

しかしこのPは任意の偽の命題である。そして任意の偽の命題の中には、すべての偽の命題を「または」でつないだもの（つまり、$R_1 \vee R_2 \vee \ldots \vee R_n$、ここで$R_i$は偽の命題）が存在する。そしてこの命題を偽と想定することは、すべての偽の命題を偽と想定することに等しい。したがって案5は次の案6に等しい。

【案6】

かりにSがすべての偽の命題を偽だと想定したとしても、SはHを信じることにおいて完全に正当化されたであろう。

この案6を用いて33ページで見た当初の定義を書き直すと以下のとおりとなる。

---

25)　この箇所のハーマンの原文はこれほど親切でない。ハーマンの議論の論理的再構成については小山田圭一氏の助言によるところが大きい。

26)　ここでは【案4】から【案5】を導いたが、逆の【案5】から【案4】を導くことも容易である。

27)　ハーマンの原論文の条件 (iv f)。Cf. Ibid., p. 244.

S が H を知っているのは、以下の条件が満たされるときであり、かつそのときに限る。

1. S は H を信じている。
2. H は真である。
3. S は H を信じることにおいて正当化されている。
4. S が H を信じる根拠の中に、偽が含まれていない。ただし、
5. かりに S がすべての偽の命題を偽だと想定したとしても、S は H を信じることにおいて完全に正当化されたであろう。――New!

しかしこの新たに加えられた条件 5 が満たされるとき、自動的に以下の三つの条件もまた満たされる。

1. S は H を信じている。
2. H は真である。
3. S は H を信じることにおいて正当化されている。

1 と 3 が満たされることは自明だとして、2 が満たされることは背理法で説明できる。つまり背理法の仮定として H が偽だとすると、S は H を偽だと想定するが、偽だと想定している命題を信じることが S にとって完全に正当だということはありえない。ゆえに、H は偽でない。

　つまりこの条件 5 はそれ自体で独立に次のような定義になっている。

　　S が H を知っている
　　　$\Longleftrightarrow S$ がすべての偽の命題を偽だと想定したとしても S は H を信じることにおいて完全に正当化されたであろう。

ところで、すべての偽の命題を偽と想定することは偽である命題だけを偽と想定することである。なぜなら S がある真の命題 Q を偽と想定したとすると、矛盾律により S は $\neg Q$ を真と想定したことになるが、実際には $\neg Q$ は偽なので、S はすべての偽の命題を偽と想定していないことになるからである。つま

りこれは真である命題と偽である命題をすべて特定すること、言い換えれば事実をありのままに捉えることに等しい。ゆえにレーラーの主張は次の主張に等しい。

　S が H を知っている
　　$\Longleftrightarrow S$ が事実をありのままに捉えたとしても S は H を信じることにおいて完全に正当化されたであろう。

そして「知っている」をこのように理解するとき、それは次のような理解に崩壊する危険があることをハーマンは指摘する。

　S が H を知っている。$\Longleftrightarrow$ H は真である。

　実際のハーマンの議論はもう少し慎重にレーラーの真意を汲みあげるかたちになっているが、私たちがハーマンから学べることは、ゲティア事例の明らかな問題点に見えた正当化されているが偽である信念（「職を得るのはジョーンズだ」や「ジョーンズはフォードを所有している」）を、私たちの知から機械的に排除することは意外に困難だということである。
　レーラーのようにそれを正面から排除しようとすると、それはあらゆる偽の信念を排除する要請となり、これはまたあらゆる真の信念を受け入れる要請となる。そしてそれは結局、真を真として偽を偽として捉えるという、全知全能の神のような知を正当化の前提として要請することになる。この方針によってゲティア問題が解決するのはある意味で当然のことかもしれない。しかし「世界のすべてを把握した上で完全に正当化される信念が知識である」というような理解は、少なくともいま私たちが求めているものではないであろう。
　問題は明らかに、排除すべき偽の信念の範囲に何の制限もないことにある。この制限を付けないと知識は神の全知に等しいものとなってしまう。知識を神の全知のごときものと理解した上で、私たちは何も知らないと言うことは、少なくとも哲学的にあまり生産的でない。では、神ならぬ人間にふさわしい知識は、どのようにして人間に与えられるのだろうか。

2.6 挑戦2——証拠が無効になってはいけない

2.6.1 レーラーとパクソンの提案——阻却不可能性理論

レーラーはその後1969年にパクソンとの共著論文[28]で、ゲティア問題を踏まえた新しい分析を提案した。まずその叩き台として、基盤的知識と非基盤的知識とに分かれる以下のような定義を示す。

SがHという基盤的知識をもつのは、以下の諸条件を満たすときであり、かつそのときに限る。
1. Hは真である。
2. SはHと信じている。
3. SはHと信じることにおいて完全に正当化される。
4. 第3の条件を満たすことが、SがHを信じることを正当化するどんな証拠にも依存していない。

SがHという非基盤的知識をもつのは、以下の諸条件を満たすときであり、かつそのときに限る。
1. Hは真である。
2. SはHと信じている。
3. SはHと信じることにおいて完全に正当化される。
4. SがHを信じることを完全に正当化するPという命題が存在し、他のどんな命題もこの正当化を阻却（無効化）しない。

基本的なアイデアは、まずそれ以上正当化を必要としない基盤的な知識を認め、それとは別枠で、基盤的でないいわば派生的な知識を定義するというものである。これは後に見る「基礎付け主義」に特徴的な戦略である[29]。この戦略を採

---

28) Lehrer and Paxon (1969).
29) 基礎付け主義については本書118ページの6.2節を参照。レーラー自身は後に整合主義を熱心に弁護することになる。

ることによって、直接的な知覚や記憶あるいは直観といった推論を介在させないような基盤的な知識の場所を確保した上で、そのような知識から派生して複数の信念が関係するような知識の構造に集中することができる。

　そしてその定義において本質的なのは、正当化が「どんな事実によっても無効化されない」ということである。前のレーラーの論文と比較すると「偽の前提がない」という表現が「真の命題が正当化を阻却しない」という表現に変化している。一貫して世界の事実に照らして正当化が成立するという方向で考えていることは明らかだが、ハーマンらの批判を受けてその表現が変化している。

2.6.2　阻却とは何か

　新たに問題となるのは、非基盤的知識の定義の第四の条件で出てくる「阻却・無効化」（defeat）という概念である。レーラーとパクソンのこの分析は、この条件のために「阻却不可能性理論」という名前で呼ばれている。この「阻却」という概念は以下のように規定される。

　S が H を信じることを P という命題が完全に正当化するとき、この正当化は次のような Q によって阻却される。
　　1.　Q は真である。
　　2.　$P \wedge Q$ が、S が H を信じることを正当化しない。

【レンタルくん】の事例だと「このオフィスのだれかがフォードを所有している」という私の信念は「レンタルくんがフォードを所有している」という信念に由来するが、この信念はもし私が「レンタルくんはフォードを所有せず借りているだけだ」という事実を認めるならもはや正当化されない。したがってこの事実は、正当化を阻却する。

　たしかにこの分析は、阻却不可能性という第四の条件を加えることによってゲティア問題をうまく処理できるようだ。しかし単純にこの条件を適用すると、何かを知るためにはその正当性を阻却しうるあらゆる事実を排除しなければならないが、これは日常の知識にとって厳しすぎる条件であるように思われる。

　しかし私たちが証拠に基づいて何かを知るためには、ある適度な範囲の中に、

その証拠を阻却する事実がないこともまたたしかに必要であろう。したがって問題は、すべての事実の中からどのようにして適度な範囲を限定するか、阻却要因として働く事実をどのように決定するかということである。

2.6.3　万引きトムと虚言癖のある母親

これを調べるために考案されたのが、これもまた有名な万引きトムとその母親の事例である。要点を変えないように細部を省略して示すと、その仮想事例は次のようなものである[30]。

万引きトム

私は、ある男が図書館に入っていき本を万引きするのを見た。私はその男が自分の学生である万引きトムだとわかったので「私は万引きトムが図書館で本を万引きしたことを知っている」と報告した。しかし私がまったく知らなかったことだが、その日トムの母親がやってきて次のように証言したとする。「トムはその日遠くに行っていて図書館にはいませんでした。その代わりトムの一卵性双生児の万引きジョンが図書館に行ってました」。

今検討している定義に照らすと、トムの母親の証言は私の信念の正当化を阻却する事実である。なぜなら、もし私がこの母親の証言を聞いたならば、もはや自分の「トムが万引きした」という信念が正当だとは思わないだろうからである。したがって私の正当化は阻却されうるので知識でない。

ここまでであれば、やや厳しいかもしれないが、この定義は知識の定義としてそれほど間違っていないように思えるが、次の一ひねりを加えるとどうだろうか。

---

30)　Lehrer and Paxon (1969, pp. 228-229). 原文での登場人物の名前は、それぞれ、Tom Grabit, Mrs. Grabit, John Grabit. 例によって、カタカナにしたのでは意味がわからないので、意訳した。

―― 万引きトムの母親 ――――――――――――――――――――――

実はだれも知らないことだが、この証言をしたトムの母親には病的な虚言
癖がありこの証言もすべて嘘だった。双子の兄弟ジョンは母親の創作であ
り、私が見たとおり万引きトムが本を万引きしていた。

要点は、正当化を考えるときに世の中には無視してよい事実が山ほどあると
いうことである。この変な母親の証言の事例は、そのような無視できる事実と
して挙げられている。けっして、この母親の証言が嘘だから阻却要因でないと
いうことではない。嘘は真でないのだから阻却要因でないのは当たり前である。
そうではなく、この母親がこのような証言をしたという事実（この事実は真であ
る）が、万引きトムが本を盗むことを直接目にして得た当初の信念を阻却する
ことはない、というのがポイントである。母親の証言はたんなる「誤解を招く
事実」（misleading fact）にすぎない、と彼らは主張する。

2.6.4　誤解を招く事実

この「誤解を招く事実」に典型的に表れているように、一般にある信念 H
について P という証拠があるとき、P に関連するあらゆる事実を検討して
$P \wedge Q$ が H を正当化するかどうかを調べる必要があるとすれば、およそどん
なことについても知識などは得られないだろう。ある信念が正当化されるため
には、無視できる事実と無視できない事実があると考えるのが自然である。で
は「レンタルくんはフォードを借りている」という事実を無視できないのに
「母親がそう証言した」という事実を無視できるのはなぜだろうか。

【レンタルくん】の場合、私は彼がフォードを所有していると認める十分な
証拠をもっていて、完全にその信念が正当化されているというストーリーであ
った。したがって、私は「レンタルくんがフォードを借りている」という信念
が偽であるという十分な証拠をもっている。そしてこのことが「オフィスのだ
れかがフォードを所有している」という信念を正当にする重要な要素となって
いる。

これに対して【万引きトムの母親】の証言は、私の「万引きトムが本を万引

きした」という信念を正当化する要素となっていない。それは私の当の信念の正当化とは無関係な事実であり、その正当化において私は「万引きトムの母親がこれこれの証言をした」という事実を偽だと考える証拠を一切もっていない。

　つまり、ある正当化においてそれを偽だと考えることが重要な要素となっているような事実があったとき、その事実が阻却要因となる。

　以上のことを踏まえて、レーラーとパクソンが示す「阻却」の定義は以下のとおりである[31]。

　P が、S が H を信じることを完全に正当化するとき、この正当化が Q によって阻却されるのは、以下のときであり、そしてそのときに限る。
　1. Q は真である。
　2. S は Q が偽だと信じることにおいて完全に正当化される。←——New!
　3. $P \wedge Q$ が、S が H を信じることを完全には正当化しない。

　新たに加えられたのは2の要素である。証拠を阻却するかどうかが検討されるべき事実、つまり無視できない事実とは、それを偽と信じることが正当化されるような事実である。逆に、それを偽と信じることが正当化されないような事実は、そもそも当の信念の正当化に関係しないので無視してもよい。

　この定義によって、正当化の阻却という概念の基本線が示されている。ただし細部に問題が一つある。S が偽であると信じることにおいて完全に正当化される真の命題が世界に一つでもあれば、それを R とすると、任意の真の命題 Q について $(Q \wedge R)$ が阻却要因の候補となってしまう。なぜならそれは真であり（1を満たす）、また S は R が偽だと信じることにおいて完全に正当化されるので $(Q \wedge R)$ を偽と信じることにおいても完全に正当化される（2を満たす）。そうすると、かりに先ほどのトムの母親がかくかくの証言をしたという事実を Q とすると、$P \wedge (Q \wedge R)$ は S が H を信じることを正当化しないので、この $Q \wedge R$ は阻却要因だということになる。同じ手順で、R を使えばあらゆる真の命題が阻却要因の候補となる。これでは定義を修正した意味がない。それゆえ

31）　Ibid., p. 230.

彼らの最終的な結論は、このバグを取るための手当てを施したものである。

> P が、S が H を信じることを完全に正当化するとき、この正当化が Q によって阻却されるのは、以下のときであり、かつそのときに限る。
> 1. Q は真である。
> 2. S は Q が偽だと信じることにおいて完全に正当化される。
> 3. もし Q の論理的帰結 C があり、$P \wedge C$ が、S が H を信じることを完全には正当化しない場合は、S が C を偽だと信じることにおいて完全に正当化される[32]。

先ほどの例に当てはめると、$Q \wedge R$ が偽だと信じることにおいて完全に正当化されている真の命題であるとき、その論理的帰結である Q が正当化の阻却をすると認められるときには、S は Q が偽だと信じることにおいて完全に正当化されていなければならない。

2.6.5　それでも問題は残る

この、レーラーとパクソンの阻却不可能性理論で難しいのは、誤解を招く事実に代表されるような無視してよい事実と、無視できない（無視してはいけない）事実との線引きをどこで行うかということである。彼らの提案は、それを偽と信じることが完全に正当化されているような真の事実がそれに当たるということだが、これにはさまざまな反論が可能である。

たとえば、ある日あなたは、自分のボールペンが1本なくなっているのに気付いて「またどこかに置き忘れた」と考えたとしよう。そしてこの信念 H を完全に正当化する命題を P とする。阻却不可能性理論は、その正当化を阻却するような事実 Q があってはならないと言う。ただし考慮する必要がある範囲は、あなたがそれを偽と信じることにおいて完全に正当化されるような信念だ。たとえば Q が「友人 A には窃盗癖がある」いう事実であり、もしあなたがそれを偽と信じることにおいて正当化されているならば、$P \wedge Q$ が H を信

---

32)　Ibid., p. 231.

じることを正当化しない場合にこの Q は阻却要因と認められる。

　しかし、完全に正当化されているわけではないが、やや漠然と「友人 A には窃盗癖がある」と思っているならどうだろうか。この場合も、もしこれを考慮すれば、あなたは自分が置き忘れたとは思わなかっただろうから、やはり正当化の阻却要因として働くように思われる。つまり「それを偽であると信じることにおいて正当化される事実」よりも、もっと弱い「たんなる思い込み」のようなものであっても阻却要因でありうるように思われる[33]。

　レーラーとパクソンの阻却不可能性理論は、認識的正当化をどう理解するかについて、一つの方向性を打ち出した。その後、この方面で、さまざまな論争が巻き起こり、認識的正当化の阻却について、多くの分析が行われたが、大方の合意を得るような結論には達していない。このことは、阻却不可能という観点から認識的正当化を理解しようとすることが、そもそも間違っていることを示していると考える人もいる[34]。

　以上、やや煩雑に感じた読者もいるだろうが、あえてこのような細かい議論を紹介したのは、ゲティア問題が標準分析の条件を工夫することによっては簡単に解決できないことを理解してもらうためである。

　実際の現代認識論では、このような数多くの分析が試みられた後に視点の転換が起こり、その方向へ大きく舵を切ることになった。次の章ではその画期的な理論を見ることにしよう。

---

33)　この反論は Greco (2010, p. 165) による。
34)　Shope (1983, p. 74).

第 3 章

因果説による対応──外在主義その1

3.1 方針転換──知識から偶然を排除する

　証拠の品質以外の点でゲティアの反例が目立つのは、通常ではありえないような偶然が働いている点である。事例1では、たまたま就職する人（自分自身）のポケットに10枚のコインがあったとされ、事例2では、たまたまブラウンがバルセロナにいたとされる。認識主体のスミスにとって、これらはどちらも思いがけない偶然である。しかし知識と言うからには、たまたま当たったというようなものであってはならないだろう。知識というのは、もっとしっかりと事実をつかんでいるものであってほしい。少なくとも、認識主体が意図したとおりに真実と関係していてほしい。ポケットの中の10枚のコインも、バルセロナにいるブラウンも、スミスが問題となる命題を作ったときに本来意図しなかった事実であり、その事実のせいで、たまたまその信念が真になっている。標準分析に欠けているのは、このような偶然性を排除する条件であるように思われる。

　この点を比較的早い段階で明確に指摘したのは、ピーター・アンガーである。彼が提案した知識の定義を示すと以下のとおりである。

　ある人が P を知っているのは、その人が、事実が P であるということについて、まったく偶然によらないで正しいときであり、かつそのときに限る[1]。

---

1) Unger (1968, p. 161).

知識から偶然を排除するという発想は大くの研究者の賛同を得ていて、現在に至るまで重要な指針となっている。この基準から見ると、ゲティアの二つの事例は、どちらもまったくの偶然によって真となった信念なので、知識の基準を満たさないことになる。

　しかしこの方針の問題点は、何が偶然（アクシデント）かということを規定するのが難しいということである。かりに宇宙全体が決定論的に動いているとしても、やはり事故（アクシデント）は起こるであろう。物理現象に不確定性があるとしても、マクロなレベルでほぼ決定論的にすべてが動いているとすると、日常生活の偶然は、物理的な偶然とは何か違うことを意味するはずだ。

　もしも、あらゆる意味での偶然を排除したら、そもそも知識は成り立たないだろう。では、知識から排除されるべき偶然とはどのような偶然だろうか。

　それはとりあえず、事実とその事実についての人間の信念のあいだにある偶然である。つまり、「S が P を知っている」と言える場合、S の P という信念と事実 P との間に、たんなる偶然以上の正しい結びつきがなければならない。では、「偶然以上の正しい結びつき」とは何であろうか。

3.2　知識の因果説

　このアンガーの論文と前後する比較的早い時期に、アルヴィン・ゴールドマンがきわめて影響力の大きい論文を発表した。それが、「知識の因果説」である[2]。

　ゴールドマンはこの 1967 年の論文で、ゲティア問題に対する解決の見取り図を次のように示している。「ジョーンズがフォードを所有している、または、ブラウンがバルセロナにいる」というスミスの信念は真であり正当化されていても、それを知識と呼ぶことができない。なぜならその命題が真であるのはブラウンがバルセロナにいるからであるのに、スミスがそれを真だと思う理由はジョーンズがフォードを所有していると思っているからである。致命的なのは「ジョーンズがフォードを所有している、または、ブラウンがバルセロナにい

---

2)　Cf. Goldman (1967).

る」という命題を真にする事実（「バルセロナにいるブラウン」）と、スミスの信念を正当化する理由（「ジョーンズはフォードのオーナーである」）のあいだに因果関係がないことである。このことからゴールドマンは「事実と信念のあいだに因果的な連結がある」ということを標準分析に加えることを提案する。

　より正確には、ゴールドマンによる知識の分析は以下のとおりである。

── 知識の因果説 ─────

S が P を知っているのは、P という事実が S が P と信じることに適切なしかたで因果的に結びついているときであり、かつそのときに限る。

知識を生み出す適切な因果プロセスは、以下のものを含む（このリストは完結していない）。
1. 知覚
2. 記憶
3. 推論によって正しく再構成された（パターン1または2の）因果連鎖
4. 1, 2, 3 の組み合わせ

　図3.1は典型的な因果連鎖であり、パターン1と呼ばれている。(p), (q) などはそれぞれ「p という事実」「q という事実」を表し、$B_S(p)$ は「S が p を信じている」を表す。実線の矢印は因果連鎖であり破線は推論の流れを示す。このように推論を含む連鎖の全体が広義の因果連鎖といわれる。たとえばこの図は、S が溶岩がある場所を歩いていて「ここでむかし火山が噴火した」という信念をもつ場合を描いている。つまり (p), (q), (r) はそれぞれ、

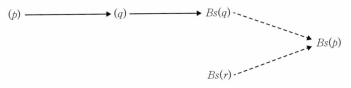

図3.1　因果連鎖パターン1

(p)　火山が噴火したという事実。

(q)　溶岩があるという事実。

(r)　溶岩と火山の関係についての背景的な事実。

であり、「火山が噴火した」という事実 (p) が「溶岩がある」という事実 (q) の原因であり、またその溶岩が「溶岩がある」という S の信念の原因である。(r) は火山と溶岩についての S がもっている背景的な諸事実であり「溶岩は必ず火山から出てくる」とか「溶岩が冷えて固まるには長い時間がかかる」などである。これらの信念のもとに、S は「むかし火山が噴火した」という信念を得る。この場合、事実と信念のあいだに原因の連鎖があるので S のその信念は正当化される。

　事態をゲティア化してみるとこの理論の有効性がわかる。かりに S が見ている溶岩は実は本物ではなく、だれかが観光のために他の土地から運んできたものだとする。しかし近くの山が実際に噴火したのは事実であり、昔はそこに溶岩もあった。その本物の溶岩は、ずっと以前に開発のために取り除かれてしまった。専門家が見れば、新しく運ばれてきた溶岩がその土地のものでないことがわかるが、一般人である S が勘違いしたのも無理のないことであった。

　この状況では、やはり S の信念は、（伝統的な意味で）正当化され、しかも客観的に真である。しかし S がそれを知っていたとは言えない。これがなぜかといえば、先の図に見られた (p) から $B_S(p)$ へ至る因果連鎖が途切れているからである。S は、実際に山から出てきた溶岩を見て、噴火を推測したのではない。彼が実際に見たのは、だれかがどこかから運んできたものである。その溶岩を噴出したのは、S が見ているのとは別の山であり、S の信念とは因果的な関係をもたない。

3.2.1　因果説が想定する因果連鎖とは

　注意すべきなのは、因果連鎖は「原因である」ということではない点である。もしそうであれば、人間は未来のことを知ることができないだろう。未来の事実が現在の信念の原因であることはできないと考えられるからである。ここで必要とされるのは因果的な連鎖であり、一方が他方の原因となることではない。

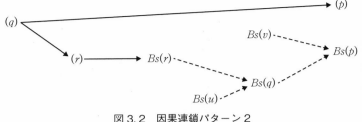

図 3.2 因果連鎖パターン 2

未来の出来事について言えば、未来の出来事とその出来事にかんする信念とが、一つの因果連鎖の中に含まれていればよい。

　たとえば、日曜日、T 氏が S 氏に「月曜日に原宿に行く」と言い、S 氏が T 氏の様子やもろもろの状況からそれが確実であると判断して「月曜日に T 氏は原宿に行くだろう」という信念をもったとする。

- (p)　T 氏が月曜日に原宿に行くという事実。
- (q)　日曜日、T 氏が月曜日に原宿に行こうと思ったという事実。
- (r)　日曜日、T 氏が S 氏に「月曜日に原宿に行く」と言ったという事実。

とすると、同様に、図 3.2 のような因果連鎖の図を書くことができる（u と v は背景的な命題）。このように、月曜日に原宿にいる T 氏が、S 氏が日曜日にもった信念「T 氏は月曜日に原宿にいる」の原因ではない。しかしこれらは、日曜日の T 氏の決断という共通の原因をもっている。このような場合も、S 氏の信念とその内容とが因果的に連結されていると言ってよいのであり、それゆえに S 氏の信念は正当化される。

　ふたたび事態をゲティア化してみよう。S 氏が予想することもできないような理由で、T 氏は月曜日に原宿に行くことができなくなってしまった。しかし、なんと T 氏は月曜日に誘拐され、拳銃を突き付けられて原宿にある秘密のアジトへ行く羽目になった。このとき S 氏の信念は（伝統的な意味で）正当化され、かつ偶然にも真である。しかし S 氏がそれを「知っていた」と言うことはできないだろう。なぜか。理由は同じである。このゲティア化された状況では、T 氏が原宿にいる事実と、そう思う S 氏の信念のあいだに因果連鎖

がないからである。つまり「月曜日に原宿に行こう」という日曜日の T 氏の決断が、この場合、月曜日に原宿にいる T 氏の原因ではない。原因は誘拐犯である。この誘拐犯と S 氏の信念のあいだには何の因果関係もない。したがって S 氏が T 氏が月曜日に原宿にいることを知っていたとは言えない。

3.2.2　新しい提案──外在主義

このように、ゴールドマンの分析は因果連鎖を要求する点で標準分析よりも強い。しかし他方で、それが標準分析が要求する伝統的な要請を拒絶する点で、標準分析よりも弱いと言うことができる。次の一節はゴールドマンにおける外在主義の端的な表明である。

> 少なくともある一つの伝統的な分析の解釈によれば、認識主体は、彼が知っているどんな命題に対しても、それを正当化し証拠を挙げることができなければならない。つまり S が t という時点において P を知っているためには、S は t において、彼が P を信じるための正当さを「述べる」ことができなければならない。わたしの分析は、そのような要求を課していない。この要求がないことによって、伝統的分析が誤って排除していたあるタイプの知識を説明することができる[3]。

この点についてゴールドマンが示す例は以下のようなものである。たとえば私（ゴールドマン）は、リンカーンが 1809 年に生まれたことを知っている。かりにそのことを最初に学習したのは、ある百科事典を読んでいるときだったとする。そのとき私はその百科事典が十分に信頼できるものだと考え、そこに「リンカーンが 1809 年に生まれた」と書いてあるのはリンカーンが 1809 年に生まれたという事実に基づいていると考えたとする。したがってそのときの私の信念は、以上のような正しい推論に基づいていた。しかし今私はその推論を覚えていない。私はリンカーンの生年について、今なお 1809 年だと思っているが、それがある百科事典に記載されていたことは覚えていない。しかしそれ

---

3)　Goldman (1967, p. 370).

にもかかわらず私はリンカーンの生年を知っている。それはそのもとの知識が
私の記憶という因果的プロセスによって保存されてきたからである。

　もしもどのようにして知ったのかをすっかり説明できることが知識の必要条
件だとすると、われわれが日常用いている知識のほとんどは、この要求を満た
さないだろうと彼は言う。

　ゴールドマンのこの議論は「理由がよくわからなくても知っている場合があ
る」というものであり、外在主義の特徴を表現しているといえる。内在主義者
は、あくまでもこれを認めようとしない。しかしゴールドマンによれば、その
ような内在主義者の主張自体が、内在主義的な知識理解から出てきているのだ
という。

　外在主義はその後の認識論の流れに大きな影響を及ぼし、内在主義と外在主
義は一時期この分野の大きな論争点となった。この問題は、後の第5章であら
ためて考えることにする。

3.2.3　因果説には問題がいっぱい

　第一印象としてかなりのインパクトがある因果説だが、いくつかの問題を孕
んでいることもまた明らかである。未来から過去への逆転因果が不可能である
ならば、未来の事柄についての現在の知識を因果説で説明することには原理的
な困難が伴うのではないか。また、一般的な事柄についての知識、たとえば
「カラスは一般的に黒い」という信念を正当化するために、どれだけたくさん
のカラスが必要か。あるいは、審美的な知識や倫理的な知識を因果説で説明す
るには、美的価値や倫理的価値の実在ということを考える必要があるのではな
いか。

　すでに見たように、因果関係を拡張するなどしてこれらの事例を扱えるよう
にすることは可能だが、信念と事実とのあいだの客観的な結びつきに訴えると
いう因果説本来の魅力は、これらの問題によってかなりのダメージを被るよう
にも思われる。

　しかし因果説の最大の問題は、このように因果関係がないのに知識があると
思える事例ではなく、しっかりした因果関係があるのに知識でない事例が多々
あるという点である。

　たとえば私がある音楽を聴いて「これはハ短調だ」という信念をもったとしよう。そして実際にそれはハ短調であったとする。しかし悲しい現実は、私には絶対音感がなく、こういう判断を下すとまず九割方は間違う。このとき「この曲はハ短調である」という私の信念は真であり、しかも事実上ハ短調である曲が原因となって私の中にその信念を生み出したのだから、客観的な因果関係が存在する。では私のこの信念は正当化され、私はそれを知っていると言えるだろうか。

　ある朝新聞を読むと、占い欄に「だれかがあなたを陥れようとしている」と書いてあったとする。私は占いに弱く、これを信じたとしよう。しかし私の知らないことだが、この新聞の占い師は私のことを知っていて、私を陥れようとしている人がいることも知っていて、それを念頭にこの占い文を書いたとする。そうすると私のこの信念は真であり、かつその信念と事実のあいだには、占い師を経由した奇妙な因果連鎖がある。では私はこの場合「だれかが私を陥れようとしている」ということを知っているのだろうか。

　このような逸脱因果はゲティア問題をも直撃する。チザムが指摘した事だが「ブラウンがバルセロナにいる」というスミスの信念が妙な経路で事実に結びついていたらどうだろうか。たとえばそれは、スミスがあまり意識していないレベルで、彼の奥さんがバルセロナについて話をしていたことの結果であり、さらに奥さんがバルセロナについて話をしたのは、スミスの奥さんがブラウンの奥さんと最近電話で話をして、そのときにバルセロナについての話を聞いたからだとする。もちろんブラウンの奥さんは、夫がバルセロナにいることを知っていて、そのために夫のことは話に出さずにバルセロナのことを話題にしたとする。この場合ブラウンがバルセロナにいるという事実は、ブラウンの奥さんとスミスの奥さんを経て、因果的にスミスの信念に関係しているので、そこには因果連鎖が存在する。しかしこの想定の下でスミスが「ジョーンズはフォードを所有している、または、ブラウンがバルセロナにいる」ということを知っているとは言えない。つまりこのような因果連鎖は知識を生み出さない。では知識を生み出す因果連鎖と生み出さない因果連鎖とはどこが違うのか。

　このように因果説の問題は、たんに客観的に成立している因果関係だけでは知識に要求される認識的価値を正確に描き出せないという点にある。現代認識

論の展開に大きな影響を与えた因果説だが、それ自体として見た場合、その中心部に大きな問題点をかかえている。それはまさに「原因」という概念それ自体である。

3.3　ドライブ中のヘンリー──識別説

ゴールドマンの因果説は、知識において事実と信念が正しいしかたで関連していなければならないという、それ自体きわめて正しいと思われる強い直観を説明しようとしたが、「原因」という概念がもつ根本的な曖昧さもあって知識の理論としては成功しなかった。

ゴールドマン自身も 1976 年に発表した論文「識別と知覚的知識」[4] で、自身の因果説を捨てて新しい理論へと進んだが、この論文でゴールドマンが単純な因果説を否定する理由として挙げたのが、後に多方面で大きな影響力をもつことになる、【ドライブ中のヘンリー】の事例である[5]。

── ドライブ中のヘンリー ──

ヘンリーは小さい息子と田舎道をドライブしている。息子に言葉を教えるために、ヘンリーは目に入るものの名前を声に出して言う。「あれは牛」「あれはトラクター」「あれはサイロ」「あれは小屋」。ヘンリーは、疑うことなく、それらについて確信している。とくに、最後に言った「小屋」については彼はまったく疑念をもっておらず、そして実際にそれは小屋である。ヘンリーが同定したものは、それぞれそれに典型的なかたちをしている。それらのものは十分に全体が見えていて、ヘンリーはすばらしい視力の持ち主だ。その地方は交通量も少ないので、ヘンリーの気が散ることもなく十分に注意深くそれらを見ることができる。

---

4)　Goldman (1976).
5)　Goldman (1976, p. 772). オリジナルは Carl Ginet による。Ginet-Goldman 事例と呼ばれることもある。

　さてゴールドマンは問う。ヘンリーは、それが小屋であることを知っていると言えるだろうか。多くの人は言えると答えるだろう。しかしこの状況に次の仮定を加えてみると事態は一変する。

―― 偽物の小屋 ――

　実は「あれは小屋」とヘンリーが言ったとき、彼の車は偽物の小屋がたくさんある地域に入っていた。その偽の小屋は精巧に作られていて、道を走る車からは本物とまったく見分けがつかない。しかし実は、それらは舞台で使うようなセットだった。たまたまヘンリーは本物の小屋を見て「あれは小屋」と言ったのだが、もしかりにそのときに偽の小屋を見たならば、それを偽と見分けることはできず、やはり「あれは小屋」と言っただろう。

　さて、この仮定された状況のもとでヘンリーは「あれは小屋である」ことを知っていると言えるだろうか。今度は多くの人が言えないと答えるだろう[6]。「その地域に偽の小屋がある」ということがなぜこれほどの違いをもたらすのだろうか。

　ゴールドマンが提出した因果説はこの事態をまったく扱うことができない。ヘンリーがどんな地域を走っているかということは、因果連鎖の説明には無関係である。この場合の因果連鎖は、きわめて単純に、

$$(p) \longrightarrow B_S(p)$$

というものであろう[7]。この場合の因果連鎖は通常の視覚によるものであり、きわめて適切な関係である。したがって知識の因果説によれば、この場合のヘンリーは「あれが小屋である」ことを知っていると言わざるをえない。しかし

---

6)　ただし、この直観には揺れがある。この事例の背景や、この事例で知識を認めないことによる帰結を考慮することで、かなりの人がヘンリーに知識を認めるという判断をするようである。これについては、第7章の文脈主義や第8章の徳認識論で検討する。

7)　ゴールドマンにならって、(p) は p という事態が成立していることを、$B_S(p)$ は、S が命題 p を信じていることを意味するとする。

実際にはヘンリーはそれがたとえ偽の小屋であったとしてもそれを見分けることができなかったのであり、そのかぎりでその信念はたまたま真であったにすぎない。したがってこの場合のヘンリーに知識を認めるのは難しいように思われる。

　では、ヘンリーがたくさんの偽の小屋があるにもかかわらず、あれが小屋であることを知っている場合とはどのような場合だろうか。それは明らかにヘンリーが偽の小屋と本物の小屋を見分けることができる場合である。このときヘンリーの信念が正当化されるためには「かりに偽の小屋があったとしても、それを判別することができたであろう」という反事実的な状況が必要である。ゴールドマンはそのような反事実的な状況においても真なる信念を生み出すプロセスを「信頼できるプロセス」（reliable process）と呼び、この信頼できるプロセスによって生み出される信念が知識であると論じる。ゴールドマンはこのように、知識の因果説を反事実的状況にまで拡大することによって彼の信頼性主義を提出するのである[8]。

　このようにゴールドマンの信頼性主義は、やはり一種の因果説である。しかしその因果性を検討する領域が、現実世界だけでなくいわば可能世界にまで拡大されたために、たんにそれを「事実と信念のあいだの因果的関係」と表現することができなくなってしまった。上のヘンリーの例が示すように、(p) という事実と $B_S(p)$ という信念のあいだに因果連鎖があるということだけでは、知識の正当化には十分でない。そういった現実世界の因果連鎖だけでなく「かりに (p) とならんで (q) という事実があったとしても、(p) と $B_S(p)$ のあいだに因果連鎖が存在したであろう」という反事実的な想定を必要とする。

　この反事実的な状況を想定する作業はけっして機械的なものではない。それはきわめて「人間的な」作業である。もし機械的なものだったとしたら論理的に可能なすべての反事実的状況を想定することになるだろうが、個々の信念の正当化のために、その都度このように巨大な作業が必要とされるとは思えない。実際、もしそのような作業が行われたとしたら、ほとんどすべての場合に知識は不可能となってしまうだろう。

---

[8]　本書 4.1 節を参照。

　ゴールドマンは、個々の状況においてその場合に考慮すべき反事実的状況を「適切に関連する（relevant）」状況と呼ぶ。たとえば「欺く霊の存在」は通常の感覚知覚の正当化に適切に関連する状況ではない。また偽の小屋の存在は、通常の場合には適切に関連しない。しかし事実として偽の小屋がたくさんある地域における知覚の場合には、そのような想定は適切に関連する。このように、何が適切に関連する状況であり何が適切に関連しない状況かということは、その都度の文脈によって異なるのであり、それを判別するための機械的な手続きを決めることは不可能である。

　したがって彼の言う「信頼できるプロセス」とは、そのように「人間的に」想定されたさまざまな反事実的状況のもとで安定して真の信念を生み出すようなプロセスなのである。

3.4　ノージックの追跡理論

3.4.1　知識は事実を追跡する

　因果説の精神が、事実と信念の適切な関係の中に知識の本質を見ようとすることであるならば、その精神は基本的に間違っていないように思われる。問題は「因果」や「原因」という概念がもつ独特の柔軟さと複雑さであり、そのために知識を因果によって説明することはある一定の限界を超えて進まないように思える。

　しかし、この事実と信念の因果関係にスルドク切り込む理論がないわけではない。ここで取り上げてみたいのは、ノージックの「追跡理論」（tracking theory）である[9]。

　ノージックは以下のような分析から出発する。

　　S が P を知っている
　　　$\iff$ 1.　P が真である。
　　　　　 2.　S が P と信じている.

---

9)　Cf. Nozick (1981).

　　3.　もしPでなかったならば、SはPと信じなかったであろう。

　条件3は反事実的条件文である。かりに事実に反してPでなかったと仮定したとすると、その状況でSはPを信じていないだろうという意味であり、現実世界だけでなく可能世界にまで配慮した条件となっている[10]。

　この条件はシンプルだが、これまでに見てきたさまざまな事例をうまく処理する。たとえばオリジナルのゲティアの事例だと、もし「就職する人のポケットに10枚のコインがある」が偽だったとしたならば（事例1）[11]、つまり、就職する私のポケットに10枚のコインがなかったとしても、しかしそれでも私はジョーンズが就職しジョーンズのポケットに10枚のコインがあると信じているので「就職する人のポケットに10枚のコインがある」と信じたであろう。

　また「ジョーンズはフォードを所有しているか、または、ブラウンがバルセロナにいる」が偽であったならば（事例2）[12]、つまり、ジョーンズはフォードを所有しておらず、かつ、ブラウンがバルセロナにいなかったならば、そうだとしてもスミスは依然としてジョーンズがフォードを所有していることが真だと信じるので、相変わらず「ジョーンズはフォードを所有しているか、または、ブラウンがバルセロナにいる」が真だと信じるだろう。よってどちらの事例もこのノージックの定義を満たさず、したがって知識でない。

　【レンタルくん】の事例[13]も同じで、かりに「この部屋のだれかがフォードを所有している」が偽だったとしても、つまりその部屋のだれもフォードを所有していなかったとしても、私はレンタルくんがフォードを所有していると信じているので、やはり「この部屋のだれかがフォードを所有している」と信じたであろう。よってそれは知識でない。

　「偽の前提を認めない」（No False Lemmas）説を粉砕した事例ではどうだろ

---

10)　ここでは、反事実的条件文の真偽をどのように考えてどう決定するかという問題、つまり、その意味論には立ち入らない。ノージックも、スタールネーカーやD. ルイスのモデルとそれにまつわる諸問題に言及しているが、基本的には、このような条件文についての私たちの素朴な直観を重視している。

11)　本書22ページを参照。

12)　本書23ページを参照。

13)　本書34ページを参照。

うか。【草原の動物】の事例[14]だと、もし草原に動物がいなかったならば、牛
に似た馬もいなかったはずなので「草原に動物がいる」とは思わなかっただろ
う。よってこれは知識と認められる。なかなかいい調子だ。

　では【万引きトム】の事例はどうか[15]。もしかりに万引きトムが万引きをし
なかったならば、当然私はトムが万引きしたと思わなかっただろうし、またト
ムの母親が嘘の証言をすることもなかっただろう。かりに母親の証言が本当で、
万引きジョンが万引きをしていたとすると、私は依然として「万引きトムが万
引きをした」と信じるので、この場合には、正当化が阻却され知識が成立しな
い。すばらしい。

　ではゴールドマンに因果説を捨てさせた、【ドライブ中のヘンリー】の事例
はどうか[16]。もし「あれは小屋」とヘンリーが言ったとき、それが小屋でなか
った場合、つまりその地域にたくさんある偽の小屋だった場合、やはりヘンリ
ーはそれを見分けることができず、「あれは小屋だ」という信念をもっただろ
う。それゆえ、ヘンリーはその状況で知識をもっていない。完璧だ。じっさい
この説明はゴールドマンの識別説で採用された知識の理解と共通する。

3.4.2　逸脱因果をどう説明する？

　それでは逸脱因果の事例[17]もうまく処理できるだろうか。ブラウンがバルセ
ロナにいるという信念が、スミスが知らないうちに交わされたスミスの妻とブ
ラウンの妻の会話を通してブラウンの実際の所在と関係がある場合、因果連鎖
が成立しても知識が成立しないと考えられた。この場合、ブラウンがバルセロ
ナにいなかったとしたらブラウンの妻がスミスの妻にバルセロナのことを話す
ことがなかっただろうから、スミスがバルセロナという言葉を妻から聞くこと
もなく、したがって「ジョーンズがフォードを所有している、またはブラウン
がバルセロナにいる」と信じることもなかっただろう。つまりこの事例でスミ
スは、これを知っていることになってしまう。どうやら今の追跡理論は逸脱因

14)　本書36ページを参照。
15)　本書51ページを参照。
16)　本書65ページを参照。
17)　本書64ページを参照。

果をうまく処理できないようだ。

　ノージック自身は、以下のような奇抜な例を示す。ある人がある実験室の中で、タンクの中に浮かび、その脳につながれたコードを通してコンピュータから直接的に情報をもらっているとする。いわゆる培養槽中の脳のような状態である。そしてコンピュータからもらうこの情報は、この人の状態とはまったく関係なく、いわばランダムに選択されたでたらめの情報だとする。そしてある時点で、その人はまったくの偶然でたまたま「私はタンクの中に浮かんでいる」という情報をコンピュータから受け取ったとする。この場合この人がタンクに浮かんでいなかったならば、つまりそもそもそういう実験に参加していなかったならば、「私はタンクの中に浮かんでいる」と信じることもなかったはずである。したがって、この場合、直観に反して知識が成立することになる。

　このように、現在の定義は逸脱因果の事例をうまく処理できない。これを補うため、ノージックは新たに第4の条件を加える。これによって知識の分析は以下のようになる。

　　S が P を知っている
　　　$\Longleftrightarrow$ 1.　P が真である。
　　　　　 2.　S が P と信じている.
　　　　　 3.　もし P でなかったならば、S は P と信じなかったであろう。
　　　　　 4.　もし P であったならば、S は P と信じたであろう。

新たに加えられた条件は「もし P であったならば、S は P と信じたであろう」である。これはややわかりにくい。じっさいに P であるのに「もし P であったならば」とは何事か。

　実はこれは可能世界を使ったややマニアックな想定で、次のような意味である。現実世界で P という事実が成立しているとき、現実世界に近い可能世界でも同じように P が成立しているということがあるだろう。こういう世界を「近接する P 世界」と呼ぶ。

　そのような近接する P 世界は、現実世界でないので、現実世界といくつかの点で異なっている。そのような近接する P 世界で状況がどうなっているか

を考えるときに「もしPであったならば」という言い方をする。つまりこの新しい条件が課すのは、もしPという信念が知識であるならば、その信念はそういう近接するP世界での異なりにもかかわらずPという事実を追跡しなければならない、ということである[18]。

　つまり3と4の条件は、Pについての信念が、真のときは肯定、偽のときは否定と、現実世界だけでなく近隣の可能世界の中を事実にぴったり付いていくことを意図している。言い換えれば、この3と4の条件を満たす信念は、真理を追跡している。そのためノージックのこの理論は「追跡理論」と呼ばれる。

　これが逸脱因果の事例をどう処理するかを見てみよう。ブラウンの妻の事例だと、かりにブラウンがバルセロナにいなかったら、ブラウンの妻を通して「バルセロナ」という名前がスミスの脳裏に浮かぶことはなかっただろう。しかし第4の条件の観点から、ブラウンがバルセロナにいるような、現実世界に近い可能世界を考えてみると、そのときブラウンの妻は、やはりスミスの妻との会話の中でバルセロナの名前を出しただろうか。ブラウンの妻が夫の所在する都市に言及したのがまったくの偶然だとすると、会話の流れや夫人の気分が少し違うだけで、その名前が出なかったことが考えられる。つまりこの部分の因果にそれほどたしかな関係はないように思われる。したがって第4の条件は満たさない。

　タンクに浮かぶ人の事例ではどうか。もしもタンクに浮かんでいなかったならば「私はタンクに浮かんでいる」と思わなかったのはたしかだが、しかしその人がタンクに浮かんでいるような近くの可能世界で、その人は「私はタンクに浮かんでいる」と思っているだろうか。この情報はコンピュータからランダムに送られてくるでたらめのものなので、そのようにたまたま当たっている情報をもらうことはまず考えられない。ゆえにこのタンクに浮かぶ人は、第4の条件を満たさず知識をもたない。

---

18)　反事実的条件文のときと同様、この場合も「近接する」可能世界であることが重要である。そうでなければ、Pが成り立っているすべての可能世界でPと信じていなければならない、という明らかに強すぎる条件になってしまう。この場合も、どこまでを近接する可能世界と考えるか、という問題が生じるが、この柔軟さが、知識概念がもつ柔軟さに対応するとみなすことができる。

3.4.3 追跡理論にもまだ問題がある

ノージックの追跡理論は、多くの事例を説明することができる有望な理論であるように見える。しかしこのままではまだ問題がある。それは複数の原因が絡むような多重決定の場合と、ある原因が作用しないときにバックアップとして別の原因が起動するような場合である。

多重決定の事例としては、以前に検討した【レンタルくんとオーナーくん】の事例[19]があてはまる。この事例では、本当にフォードを所有しているオーナーくんと、巧みにフォードを所有しているふりをしているレンタルくんの二人について、それぞれ「オーナーくんはフォードを所有している」「レンタルくんはフォードを所有している」という正当化された信念をもち、その結果「オフィスのだれかがフォードを所有している」という正当化された真の信念をもつ。この信念は少なくとも部分的にオーナーくんについての事実に基づくので、そのかぎりで知識である。

しかしこの事例はノージックの3の条件を満たさない。このオフィスのだれもフォードを所有していないとしても、レンタルくんの偽装工作により、依然として「このオフィスのだれかがフォードを所有している」という信念を抱いただろう。したがって、この事例で知識が認められないことになる。このことはノージックの定義がこの面で厳しすぎることを意味している。

二番目のバックアップ因果の例としては、ノージック自身が以下のような事例を示している。

―― おばあさんと孫 ――――――――――――――――――――

あるおばあさんのところに孫が訪ねてきた。おばあさんは孫が元気に走り回る姿を見て「孫は元気だ」という信念を抱いた。当然、これは知識である。ところが、このおばあさんは病弱なので、かりに孫が病気だったとしたら周囲の者が気をきかせ、おばあさんが心配のあまり体調を崩さないように、孫は元気ですよと伝えたであろう。

――――――――――――――――――――――――――――――

19) 本書35ページを参照。

　この場合、やはり「孫は元気だ」というおばあさんの信念は、3の条件を満たさない。孫が元気でなかったら、周囲の者が気をきかせて孫は元気だとおばあさんに伝えるので、おばあさんは依然として孫は元気だと信じただろうから。したがって、目の前を走り回っている孫を見ているのに、このおばあさんは孫が元気であることを知っていないことになってしまう。

　多重決定やバックアップ因果の場合に問題が生じるのは、明らかに想定外の因果連鎖が生じているからである。それを処理するために、ノージックは上述の条件に制限を加え、知識を当の信念を獲得する「方法」に相対化させる。その結果として提出される分析は以下のとおりとなる[20]。

── ノージックの追跡理論 ──

S が M という方法で P を知っているのは、以下の条件を満たすときであり、かつそのときに限る。

1. P が真である。
2. S が M という方法で P と信じている。
3. もし P でなかったならば、そして、S が M という方法を用いて P かどうかという信念に到達したならば、S は P と信じなかったであろう。
4. もし P であったならば、そして、S が M という方法を用いて P かどうかという信念に到達したならば、S は P と信じたであろう。

　たとえば【おばあさんと孫】の事例では、目の前を走り回っている孫を見るという「方法」を使って「孫は元気だ」という信念を獲得しているが、この「方法」に限定すれば、おばあさんに知識が認められる。しかし「孫が病気のときは周囲の人たちが病弱なおばあさんの体調を気遣って孫が病気だと伝えず、元気だと嘘をつく」というバックアップを含むような「方法」のもとでは「孫は元気だ」というおばあさんの信念は、3の条件を満たさないので知識でない。

---

20)　Cf. Nozick (1981, p. 179).

　【レンタルくんとオーナーくん】の事例では「オーナーくんがフォードを所有しているという証拠にもとづいて、オフィスのだれかがフォードを所有していると考える」という「方法」に限定すればそれは知識だが、「レンタルくんがフォードを所有しているという証拠にもとづいて、オフィスのだれかがフォードを所有していると考える」という「方法」では、やはり3の条件を満たさないので知識でない。

　ノージックはさらに、複数の方法が用いられるときには、以上の条件を満たさない方法が満たしている方法を凌駕（outweigh）しないという条件を課すなど、この分析の精度を上げる努力を続けるが、これまでの説明で追跡理論の基本的なアイデアは理解していただけただろう。

第 4 章

信頼性主義への発展——外在主義その 2

4.1 真打ち登場——信頼性主義の基本的なアイデア

　たまたま成立した因果関係や逸脱因果のような事例がなぜいけないのか。た
またまであろうと奇妙であろうと、客観的に因果関係が成立して結果として真
の信念が生まれたのだからそれでいいではないか、と考える向きもあろう。し
かしそのようなハードボイルドな路線を取らない人たちは、この単純な因果関
係を洗練させることの中に認識的価値の本質を見ようとした。その成果のひと
つが信頼性主義である。

　たまたまや奇妙がなぜいけないか。それは、そのような因果関係がタイプと
して信頼できないからである。つまり同じような因果関係がもう一度あったと
しても、それが真である確率が低い。「これはハ短調だ」という私の信念はた
またま当たったが、今度は別の曲を聴いて同じように判断したらほぼ確実に間
違う。朝刊の占いに基づく信念も普通は当たらないものである。つまりそのよ
うなタイプの因果関係は、真である信念を生み出す確率が低い。

　単純な因果説の欠点をこのように特定することによって、その修正の方向も
また明らかになる。信念が正当化されるために必要なのは、たんなる因果関係
が存在することでなく、その因果関係が信頼できることである。そしてその場
合の信頼性とは、真の信念を生み出す確率が高いことを意味する。

　認識的な正当さを信頼性という観点から理解するというアイデアにはいくつ
かの系統があるが、ゴールドマンが、自らの因果説を発展させるかたちで提唱
した理論は「プロセス信頼性主義」[1] と呼ばれ、その後の認識論の展開におい

て幅広い影響力をもつことになる[2]。

　先に見た【ドライブ中のヘンリー】の事例は、単純な事実と信念の因果関係では知識を説明できないことを示している。ゴールドマンやノージックが言うように、足りていないのは可能世界を用いた分析である。真の信念が知識となるためには、現実世界で事実を追跡していることだけでなく、現実世界に近いさまざまな可能世界でも、安定して事実を追跡することが必要とされる。ゴールドマンは 1976 年の「識別と知覚的知識」で次のように述べている。

　　ある信念が知識と見なされるとき、どのような種類の因果プロセスあるいはメカニズムのせいで、その信念が生まれていなければならないだろうか。それらは適切な意味で「信頼できる」メカニズムでなければならない。おおざっぱに言って、ある認知メカニズムないしプロセスが信頼できるのは、それが現実の状況で真の信念を生み出すだけでなく、関連する反事実的な状況においてもまた真の信念を生み出す場合、あるいは少なくとも偽の信念を抑止する場合である[3]。

ここで述べられているアイデアは、後に「安全性」や「鋭敏性」という言葉で表現され、文脈主義[4]や徳認識論[5]の分野で重要な役割を果たすことになるが、この時点ではまだ十分に展開されていない。これがはっきりと説明され議論されるのは、1979 年の論文「正当化された信念とは何か」[6] においてである。ゴールドマンはこの論文で、プロセス信頼性主義と呼ばれる理論の原型を描いた。

　正当化を生み出すプロセスについて考える前に、正当化を生み出さ・な・いプロセスについて考えてみよう。どんなプロセスは認識的に正当と見なされないだ

---

1)　reliabilism は「信頼性主義」の他に「信頼性理論」とも訳されるが、後者は、工学系の reliability theory の訳語として定着しているので、本書では「信頼性主義」を採用する。

2)　別の系統としては、事実と信念のあいだに、法則のような結びつき（law-like connection）が必要だとする、アームストロングのバージョン（Armstrong 1973）や、信念が真理の指標であるという側面を強調する「インジケーター信頼性主義」と呼ばれるバージョン（Chase 2004）がある。

3)　Goldman (1976, p. 771).

4)　本書第 7 章を参照。

5)　本書第 8 章を参照。

6)　Goldman (1979).

ろうか。ゴールドマンは次のようなリストを示す。混乱した推論、願望的思考、愛着依存、思いつきやカンに頼ること、性急な一般化。さて、これらに共通する特性は何か。それはこれらが、ほとんどいつも誤ること、つまり信頼性がないことである。

　対照的に、標準的な知覚、記憶、よい推論、内省などは、正当化をもたらすプロセスであり、それらが生み出す信念はほとんど常に真である。その意味で、これらは信頼できる認知プロセスである。

　このことからゴールドマンは、認識的正当化の本質について以下のような理解を提案する。

　信念の正当さはその信念の原因であるプロセスの信頼性の関数である。この場合、信頼性は、偽ではなく真の信念を生み出す傾向性である[7]。

4.2　信頼性が大切なのはあたりまえ？

　ところで読者の中には、わざわざ大げさに「信頼性主義」とか言わなくても、信頼性が大切だということくらいわかっていると思う人がいるかもしれない。もちろん信頼できない人よりは信頼できる人の方がいいに決まっているし、信頼できる情報ソースを見極めることは日常生活でも重要である。このように「信頼性」はよく使われる一般的な言葉なので、認識的な正当さを考えるときに信頼性が問題になることは珍しいことではない。しかしそのように信頼性を認識的な正当さの一つの要素として認めることと、信頼性こそが認識的な正当さの本質だと見切ることのあいだには雲泥の違いがある。

　「認識的な信頼性は、何らかの認識的な正当化を生み出す」ということ、つまり、

　認識的な信頼性 ⟹ 認識的な正当さ

---

7)　Goldman (1979, p. 10).

はほぼ私たちの常識の一部だが「認識的な正当さがあるところにはいつも、認識的な信頼性がある」ということ、つまり、

認識的な正当さ $\Longrightarrow$ 認識的な信頼性

は認識的正当化についてのゴールドマンの重要な提案である。もしこれが正しいならば、二つを合わせて、

認識的な信頼性 $\Longleftrightarrow$ 認識的な正当さ

が成り立つことになるが、これは認識的正当化の本質を信頼性とするものであり、この主張を知識や認識的正当化の理解の主軸とする理論を「信頼性主義」（reliabilism）と呼ぶ。

　ゴールドマンによれば、認識的な正当さの本質を信頼性に見ることによって知識についての多様な直観を統一的に説明することができる。たとえば単純な知覚について、100 m 先に 3 秒見えた対象について判断する場合と、10 m 先に 10 秒見えた対象について判断する場合とでは、後者の方がより知識を生み出すように思える。それは事実を捉えるからと言うよりは、事実を捉える確率が高い、すなわち信頼性が高いからだと説明できる。

　あるいははっきりした記憶に基づく信念とあいまいでぼんやりした記憶に基づく信念とでは、前者の方が正当さの度合いが高いと考えられるが、その理由はやはりそちらの方が信頼度が高いからである。

　ゴールドマンは統計調査にも話を広げる。偏った標本に基づく統計は、十分大きくて偏りのない標本に基づく統計に比べて正当さが低く、知識から遠い。それは、そのような調査が対象とする集団について誤った認識をもたらしやすいという意味で、信頼性が低いからである。

　これらさまざまな事例において、信頼性は認識的な正当さの指標として用いられている。これは、認識的正当化の本質を信頼性とみる信頼性主義にとって、よいニュースである。

　では真の信念が正当化され知識と認められるためには、どの程度の信頼性が

必要だろうか。これについてゴールドマンは、はっきりした答えを与えない。それは分析が不十分だからではなく、もともと知識概念がそのような曖昧さを含むからだと考える。たしかに、ある概念がある程度の曖昧さを含むならば、その分析においても、それが正しい分析であるならば、その曖昧さを説明する要素を含むはずである。もし知識と知識でないものの境界が、必ずしもくっきりとしていないのであれば、その分析は、そのようにくっきりしていない理由を説明すべきである。ゴールドマンによれば、信頼性主義はそのような知識がもともともっている曖昧さを説明する。

　この点からただちに出てくるのは、知識に必要とされる信頼性が、必ずしも完全な信頼性、言い換えれば100%の信頼性でなくてもよいということである。Jが必ずしもTを含意しない、つまり正当化された信念が必ずしも真であるとは限らないということは、ゲティア問題が発生する条件の一つだったが、信頼性主義のこの側面は、この点もうまく説明する。もし正当化の本質が信頼性であるならば、信頼性は本来、程度を容れるので、正当化もまた程度を容れることになるであろう。そうするとその閾値を精確に確定することはできないにしても、100%真とは言えないが認識的に完全に正当化されている信念があるということが、ごく自然なこととして了解されるであろう。

4.3　信頼性を担うもの——トークンとタイプ

　さて信頼性主義による正当化の定義はどのようなものになるだろうか。ゴールドマンが叩き台として示すのは以下の定義である。

　Sが時刻tにおいて、信念を形成する信頼できる認知プロセスによって、Pを信じているならば、そのとき、SがtにおいてPを信じることは正当化される[8]。

この叩き台を眺めていると、いくつかの疑問と問題点が浮上する。まず「認知

---

8)　Goldman (1979, p. 13).

プロセス」とは何だろうか。そもそも「プロセス」とは何か。ゴールドマンは
それを、ある種の関数操作、つまりある入力（定義域）に対して、それに対応
する出力（値域）を対応させる写像（mapping）と説明する。認知プロセスとは
認知的な領域においてそのような写像を行うものであり、たとえば認知主体へ
の特定のインプットに対してある信念 P を信じるというアウトプットを対応
させる。

　このように理解すると、知識において正当化が問題となる要素は、トークン
ではなくタイプであることになる。ここで、「タイプ」と「トークン」という
耳慣れない言葉について学習しよう。A, A, A, A, **A**, A, A はすべてアルファベ
ットの最初の文字 'A' である。このことをテツガクの世界では「これらの A
のトークンは、すべて、𝔸 というタイプに属する」と言う。言い換えれば A,
A, A, A, **A**, A, A という七つの文字は、それぞれ 𝔸 というタイプに属するトー
クンである。この場合には七つのトークンが 𝔸 という一つのタイプに属して
いる。

　認知プロセスのトークンとは、ある特定の入力に対して一つの信念を生み出
す一回限りの写像操作である。それは真であるか偽であるかのいずれかだろう。
この操作について、たとえばそれが信頼性 80% であるなどと語ることはでき
ない。したがって信頼性が問題になるのは、トークンではなくタイプである。
たとえば 100 回の感覚刺激インプットに対して 100 回の信念アウトプットがあ
り、そのうち 80 回のアウトプットが真であるような認知プロセスのタイプは
80% の信頼性があると言えるだろう。

　そのような認知プロセスとして考えられるのは、まず推論であり、それは前
提や推論規則といった入力に対して結論についての信念を出力する。また記憶
やさまざまな知覚なども同じように認知プロセスに数えられる。記憶とは、あ
る時点での入力に対して一定時間以後（5 分後、2 日後、1 年後、50 年後など）、特
定の信念を出力するプロセスであり、また知覚とは、さまざまな感覚刺激とい
う入力に対して特定の信念を出力するプロセスである。

4.4　全体的な信頼性

さてこのように理解された信頼性主義だが、ゴールドマンによれば明らかな問題点がある。彼が示す反例は以下のようなものである。

　　ジョーンズは両親から、彼が7歳のときに記憶喪失になり、それ以前の記憶はあとで人為的に埋め込まれた虚偽の記憶だと言われている。ジョーンズには両親を信頼する完璧な証拠がある。しかしそれにもかかわらず、ジョーンズは、7歳以前の自分の「記憶」を信じ、たとえば「ぼくは5歳の夏にあの海岸に海水浴に行った」などと信じている。ところがこの両親の言うことは嘘であり、ジョーンズの夏の海の記憶は真正の彼の記憶だった[9]。

古典的信頼性主義によれば、このジョーンズの信念は真正の記憶という信頼できる認知プロセスが生み出したものであり、正当化されている。しかしこのような状況で両親の証言を無視するジョーンズに知識を帰属させるのはためらわれる、とゴールドマンは考える。

　基本的なアイデアは、ある信念が正当化されるためには、それが事実上、信頼できるプロセスから生じていることだけでなく、そのときに認知主体が使うことができる、あるいは使うべきであるような、信頼できるすべてのプロセスを用いた結果として生じていることが必要だというものである。この点を修正してゴールドマンが提出するのは、以下のような分析である。

　　もしSの時刻tにおけるPという信念が、信頼できる認知プロセスから生じていて、かつ、Sが現に使用しているプロセスに加えて、かりにSがそれを使ったならば、SがtにおいてPを信じなかったであろうような信頼できるプロセスがない場合、SのtにおけるPという信念は正当化される。

---

9)　Goldman (1979, p. 18). 要点を変えず、細部の表現は自由に変更した。

信頼できるプロセスは複数ありうるので、ある信念が正当化されるためには、それがある一つの信頼できるプロセスから生じているという事実だけでは足りず、その信念を阻却するような別のプロセスがないことが必要である。この条件を加えると、先のジョーンズの夏の海の記憶による信念は正当化されない。なぜなら両親の証言を信じるという（通常は）信頼できるプロセスが存在し、もしそのプロセスを用いていたならば、彼の記憶による信念は正当化されないからである。

4.5　一般性問題という難問

　少し前に、信頼性が問題になるのはトークンでなくタイプだということを確認した。プロセス信頼性主義とは、認知プロセスのタイプについての理論である。すなわち信念が正当化されるのは、それが真の信念を生み出すという点で信頼できるタイプの認知プロセスによって生み出されたときであり、かつそのときに限るというのが、信頼性主義の基本精神である。

　したがって、信頼性主義を理論として提示するためには、この場合のプロセス・タイプとは何か、そしてそのタイプの信頼性をどう考えるかということを十分に明らかにしなければならない。しかしここには「一般性問題」と呼ばれる大きな問題が潜んでいる[10]。

　ある晴れた日、昼食の後で少し眠気があるが、自宅のガラス窓越しに桜の木が見えていて「サクラが咲いている」と私が判断する、という状況を考えてみよう。この判断は、その時刻にその場所で一度だけ発生した認知プロセスが生み出したものである。したがって、このプロセス・トークン p の信頼性は、もしその信念が真であれば100%[11]、偽であればで0%[12] である。

　信頼性主義は、認識的正当化を信頼性の関数と考える。信頼性が高いプロセスが生み出した信念が、認識的に正当化され知識と認められる。

---

10)　プロセス信頼性主義における一般性問題についての古典的な論文とされるのは、Conee and Feldman (1998) でである。以下に続く議論は基本的にこの論文を参考にしている。

11)　一回きりの試行が成功したので、成功率は1分の1で100%。

12)　同じく、一度きりの試行が失敗したので、1分の0。

　もしこのプロセスがプロセス・トークンであるならば、真の信念を生んだプロセスは常に信頼度が100%、偽の信念を生んだプロセスは常に信頼度が0%である。そうすると、信頼性主義によれば、真の信念は常に正当化され、偽の信念は常に正当化されないことになる。

　これは、真理条件 T を正当化条件 J から分離させるという現代認識論の大原則に反する。それゆえ信頼性主義が語る信頼性は、プロセス・トークンの性質ではない。

　それはプロセス・タイプの性質である。プロセスのタイプは、一度きりでなく繰り返し生じるので、たとえば100回のうち90回は真の信念を生むということがありうる。この場合、そのプロセスは90%の信頼性をもつ。

　プロセス・トークンは、たとえばこの90%の信頼性をもつプロセス・タイプに属することによって、いわば派生的に90%の信頼性をもつとされる。

　「サクラが咲いている」という私の信念が正当化され、知識と認められるのは、その信念が真であり100%信頼できるプロセス・トークンによって生み出されたからではなく、たとえば、それは「日中に外を眺めて大きな対象を識別する」という信頼性90%のプロセス・タイプに属していて、そのかぎりで比較的信頼性が高いプロセスによって生み出されたからである。

　しかしこの私の「サクラが咲いている」という信念は、「昼食のあとに眠くなった状態で判断を行う」というプロセスにも属している。そしてこのプロセスの信頼性は悲しいほどに低く50%だとしてみよう。そうすると、同じ「サクラが咲いている」という私の信念は「日中に外を眺めて大きな対象を識別する」というプロセスに属するかぎりでは正当化されるが、「昼食のあとに眠くなった状態で判断を行う」というプロセスに属するかぎりでは正当化されないことになる。もしそうだとすると、同じ一つの信念が正当化されかつ正当化されない、あるいは、知識であると同時に知識でないことになる。

　もちろん二つの場合は観点が違うので、これがただちに矛盾であり信頼性主義は間違いだということにはならない。しかし、信頼性主義が知識や認識的正当化の本質を信念を生み出したプロセスの信頼性に見たいならば、その都度の信念形成において、どのタイプのプロセスが働いているかを決定する理論をもたなければならない。

　そしてその決定には条件がある。一つにはそれが場当たり的で恣意的なものであってはならない。気分がいいときには「日中に外を眺めて大きな対象を識別する」というプロセスに属していると見なし、落ち込んでいるときには「昼食のあとに眠くなった状態で判断を行う」というプロセスに属していると見なす、というのでは理論の名に値しない。

　またそれは、認識や正当化についての事前の了解に基づいていてはならない。「サクラが咲いている」という判断は通常は知識と認められる類のものだから、「日中に外を眺めて大きな対象を識別する」というプロセスに属している、と論じるなら、これはあからさまな論点先取である。

　さらにその決定は、信頼性主義の直観を保持するかたちでなされるべきである。「サクラが咲いている」という判断が「日中に外を眺めて大きな対象を識別する」というプロセスに属するのはその判断が十分な証拠に基づいているからだ、と論じるならば、それは信頼性主義ではなく証拠主義の一種であろう。

　これらの点に注意しながら、ある特定の信念を生み出すプロセスをその都度決定するための理論や方法論を明確にすること、これが「一般性問題」と呼ばれる問題である。

4.5.1　トークンの信頼性？

　一般性問題では、信頼性を問題にできるのが一度きりのプロセス・トークンでなく、反復可能なプロセス・タイプだと論じられることが多い。しかしゴールドマンのもともとの提案が示していたように、この信頼性はたんなる確率というよりは、適切に関連する可能的な状況の中で事実に即して真と偽を識別できる能力という意味合いをもつ。

　そうすると一度かぎりのプロセス・トークンであっても、その意味での信頼性を考えることができるのではないだろうか。つまり現実世界では一度きりのプロセスであっても、可能世界にあるその対応プロセスを考えることで信頼度を見ることは可能ではないか[13]。

　基本的な考え方は、同一トークンでも可能世界をまたがってその信頼性を考

---

13)　Comesaña (2006).

えることができるだろうということである。具体的には、ある特定のプロセス・トークンについて現実世界に近い可能世界の中に対応するトークンを探し、それらの複数のトークンについて真の信念を生み出している割合を調べることで、0から1のあいだの信頼度を得ることができるだろう。

　もちろん可能世界を直接観察することはできないので、そのような作業は実際には思考実験となり、現実に成立している諸条件の部分を少しずつ変更することによって、さまざまな反事実的条件文や接続法的条件文の真偽を考えるという、ノージックの追跡理論と同様の作業となることが予想できる。

　たしかに信頼性をこのように解釈すれば、プロセス・トークンについても信頼度を語ることはできるだろう。しかしここにもやはり、一般性問題が生じる。なぜならこの場合、どの範囲の可能世界を調べるかによって信頼性が変化するからである。現実世界で成功しているプロセスは、基本的に現実世界に近い世界では成功し、遠く離れるほど失敗する傾向があるだろう。そうすると考慮する世界を近くに限定することによって信頼度は上がり、逆に遠くの世界を考慮に入れるほど信頼度は下がる。ではどこでその範囲を決定するのか。その決定方法について一般性問題と同じ問題が生じる。

　したがって可能世界のトークンを調べるというこの戦略は、一般性問題の本当の解決にはならない。

4.5.2　工学的信頼性を適用できないか

　ところで、読者の中には次のように考える人がいるかもしれない。ある信念を生み出すプロセス・タイプを特定する理論など必要ない。ゴールドマンが因果説を唱えたときに導入した外在主義的な理解をここでも継承するならば、必要とされるプロセスの信頼性は客観的な事実として成立していればいいのであって、その都度、認識主体やその信念を評価する人に知られていなくてもよい。だとすると、どのようなタイプから生じたかがわからなくても、事実上、信頼できるタイプから生じたならば知識であり、そうでなければ知識でないと考えればいいではないか。

　あるいは、もう少し工学系の発想をする人ならば、信頼度が異なる複数のプロセスの組み合わせが問題になっているのなら、そのような信頼度の組み合わ

せを計算することによって複雑なプロセス全体の信頼度を得ることができるではないか、と考える人がいるかもしれない。たとえば、$(p_1 \wedge p_2) \vee (q_1 \wedge q_2 \wedge q_3) \vee (r_1 \wedge r_2 \wedge r_3 \wedge r_4)$ というような複雑なプロセス[14]でも、一つ一つの子プロセスの信頼度が決まっていれば、計算によってプロセス全体の信頼度を出すことができる。そのようにして得られた信頼度がその状況に必要とされる一定の値を超えるかどうかで、正当性を判断すればよい。

　たとえば、私が「サクラが咲いている」という判断を行った時点で、「日中に外を眺めて大きな対象を識別する」という信頼度 0.9 のプロセスと、「昼食のあとに眠くなった状態で判断を行う」という信頼度 0.5 のプロセスが直列で働いているならば、プロセス全体の信頼度は 0.45[15] だが、並列で動いているなら、0.95[16] である。このような識別のプロセスが直列か並列かを決めることは、認知科学など他の自然科学に任せればよい。これは、知的分業による自然化された認識論のモデルケースだ。

　しかしこれも一般性問題を過小評価している。「サクラが咲いている」というプロセス・トークンは、この二つのタイプだけでなく他のさまざまなタイプに属している。それはとても多様なので、その中には比較的関連があると思われるものからあまり関連がなさそうなもの、そして、とても問題になりそうにないものも含まれる。たとえば、「部屋の中で家の外の事実について判断するプロセス」「パソコンを操作しながら判断するプロセス」「青い靴下をはいて花の開花について判断するプロセス」「コーヒーを飲んで 10 分後に視覚に基づく判断を下すプロセス」などなど、ほとんど無数と言っていいほどのタイプが一つのプロセス・トークンを取り巻いている。

　「よろしい。ともかく、全部のプロセスの信頼度を調べたらいい。計算はコンピュータがやってくれる」と気合いの入った工学者は言うかもしれない。し

---

14)　プロセス $p_1 \wedge p_2$ は、二つの子プロセスが直列で並ぶようなプロセス、つまり、子プロセス p_1 のあとに、その出力を入力とするような子プロセス p_2 が続くようなプロセスを意味する。q, r についても同様。また、$\vee$ は、並列プロセスを意味する。

15)　直列プロセスの信頼度は、プロセスの信頼度を掛け合わせたものなので、$0.9 \times 0.5 = 0.45$ となる。

16)　並列プロセスの信頼度は、並列しているプロセスがすべて失敗する頻度を 1 から引いたものなので、$1 - (1 - 0.9) \times (1 - 0.5) = 0.95$ となる。

かし、おそらくこれら無数のプロセスは複雑に入り組み、あるものは直列に、あるものは並列に関係し、そして信頼度を調べようがないようなものもおそらく含まれる。

以前に必要条件と十分条件についての話で、免許を取るための必要条件は宇宙の全歴史だと言い出す哲学者が登場したが[17]、その発想を用いれば、あるプロセス・トークンの信頼度は宇宙の全歴史と関係があるとも言える。たとえば「カエサルがルビコン川を渡って1000年以上経過したアジアで発生する桜の開花についての判断を生み出すプロセス」というタイプの信頼度はどのようにして計ればいいだろうか。それ以前に、そのようなタイプのプロセスが問題になるとはとうてい思えない。しかしなぜ問題にならないのか。それを説明するには一般性問題を解決する理論が必要である[18]。

問題は、どのタイプを選ぶかということが知識や認識的正当化についての直観からまったく独立に（そうでなければ論点先取になる）、場当たり的にではなく規則として（そうでなければ理論と言えない）、そして信頼性主義の基本的な方針から逸れないように（そうでなければ信頼性主義でない）決められるかということである。

おそらく一般性問題は、信頼性主義だけでなく認識論全体、あるいはおそらく哲学探究全体に巣くう大きな問題である。この問題に対する明確な回答を示すことができなければ、プロセス信頼性主義は、その中心部分に大きな曖昧さを含み、理論としての力を失うことになるだろう。

4.6　まだまだいっぱい問題がある

4.6.1　新悪霊問題

さて、この一般性問題以外にも信頼性主義にはさまざまな反論が提示されている。以下にそのいくつかを見ていこう。最初の反論は「新悪霊問題」と呼ば

---

17)　本書10ページを参照。
18)　一般性問題は、たんに信頼性主義だけの問題ではなく、正当化を問題にするあらゆる認識論に共通の問題だと主張する研究者もいる（Bishop 2010）。また、このような解釈への反論も参照（Conee 2013; Matheson 2015）。

れているものであり、プロセスの信頼性が認識的正当化にとって必要ないことを示す[19]。この問題は第 7 章の文脈主義や第 8 章の徳認識論でもしばしば参照されるので、オリジナルの論文から引用しておこう。

新悪霊問題

以下のことを想像してみよう。私たちの知らないうちに、知覚、記憶、推論に含まれる私たちの諸々の認知プロセスが、強力な悪霊あるいは悪意ある科学者のしわざによって信頼できないものにされている。信頼性主義の見解によれば、そのような条件の下で、そのようなプロセスによって生み出された信念は正当化されないことが帰結するだろう。〔しかし〕この帰結は受け入れられない。〔なぜなら〕この悪霊仮説には続きがあって、この場合の私たちの経験と推論は、私たちの認知プロセスが信頼できるものだったならばそうだっただろうようなものとまったく同じだとしよう。そうすると、もし悪霊仮説が真だったとしても、それが偽であった場合とまったく同様に、私たちは現に信じていることを信じることにおいて正当化されたであろう。

基本的に、これはデカルトの方法的懐疑で想定された欺く霊や、パトナムの培養槽中の脳の事例のバリエーションである。違うのは、これが認識的正当化の問題に向けられたものだという点である。とくに信頼性主義が依って立つ外在主義への反論が意図されている。

著者のレーラーとコーエンはこの問題を以下のように論じている。

信頼性主義に反対して、私たちは悪霊仮説のこの条件のもとで、私たちの信念が認識的な意味で正当化されるだろうと断言する。正当さは規範的概念である。それは人がどれほどよく自分の認知的ゴールを追い求めたかについての評価である。したがって、もし私たちがたとえば知覚が信頼できるプロセ

---

19)　Lehrer and Cohen (1983, p. 192). 亀甲括弧内は筆者による補足を示す。

スだと信じる理由をもっているならば、何らかのありそうにない偶然で、たまたま信頼できないことが事実だとしても、それが知覚的信念に対する私たちの正当化を消し去ることはない。このことは、私たちの認知プロセスを事実上信頼できないものにする偶然が起こっていないと信じるよい理由をもっている場合にはとくに明らかである[20]。

　ここに見られるのは、後に詳しく見る[21]義務論の影響を受けた証拠主義の立場の表明であり、その立場から見るかぎり信頼性主義は誤っているという主張にすぎない。

　しかしこの事例は、後に 197 ページで見るように、ソウザによって再検討され、可能世界と信頼性との関係についてのスルドイ洞察を生み出すきっかけとなった。新悪霊問題は、その創作者たちが考えたように内在主義が正しいことだけを示す事例ではなく、信頼性について私たちがもつ直観がかなり複雑であることを示す事例でもある。

　また、新悪霊問題は内在主義が正しいことを示す事例として考案されたが、もう少し控え目に、外在主義が内在主義的要素を無視できないことを示す事例として見ることもできる。

　先に 4.2 節で述べたとおり、信頼性主義は信頼性が大切だと言っているのではなく、大切なのは信頼性だけだと言っている。認識的正当化にとって重要なのは信頼性であり、それ以外ではないというのがその核心である。しかし、新悪霊問題は内面的に自分とまったく同じでありながら、自分の与り知らないところで認知プロセスの信頼性が損なわれている人を考えさせる。信頼性主義をとるかぎり、この哀れな自分の分身の認識的な正当さはゼロである。しかしこの点は、本当にゼロと考えていいのだろうか。十分ではないとしても少しでも認識的に正当である部分はないだろうか。このような問いは、後にソウザを動かして彼のハイブリッド理論ができあがる動機となる[22]。

---

20)　Ibid., p. 192-193.
21)　本書 103 ページを参照。
22)　本書 198 ページを参照。

4.6.2　ノーマンの千里眼

　次の反論は、信頼性だけでは十分でないことを示すものである。「千里眼」の事例として有名な以下の反例は、ローレンス・バンジョーが外在主義を論駁する論文の中で示したものである。

　まず、アームストロングが提示するようなシンプルな信頼性主義を考える。それによると、主体 S の P という信念と P という事態を成立させている諸事情とのあいだに法則的な何らかの関係が成り立つことが認識的正当化の本質とされる。

　たとえば、ある人が客観的に信頼できる千里眼をもっているとして、それが働いた結果として、その人が「大統領がニューヨーク市にいる」という信念をもったとする。そして、事実、大統領はニューヨーク市にいたとしよう。シンプルな信頼性主義によれば、この信念は認識的に正当であり知識である。

　このとき、以下の三つの想定のどれか一つを加えてみよう。

1. 「大統領がニューヨーク市にいる」ことを否定する圧倒的な証拠がある。
2. 自分の千里眼が信頼できない能力だということを示す十分な証拠がある。
3. 一般的に、千里眼などという能力は存在しないことを示す十分な証拠がある。

するとたちまち、この千里眼をもつ人は主観的に内在的観点から見て正当でなくなるように思われる。じっさい、すでに見たゴールドマンの信頼性主義によれば、認識主体がこのように反対の信念を生み出す別の信頼できるプロセスをもっていた場合、その信念は正当化されないのであった。

　この時点で信頼性主義に代表される外在主義はかなり旗色が悪くなるが、バンジョーはさらに一歩を進める。それは次の有名なノーマンの事例である[23]。

┌─── ノーマンの千里眼 ─────────────────────────
│　ノーマンは、ある特定の条件の下で、完全に信頼できる千里眼の能力をも

---

[23]　BonJour (1980, p. 62).

っている。彼は一般にそのような認知能力がありうることについての、そして自分がその能力をもっていることについてのプラスの証拠もマイナスの証拠ももっていない。ある日ノーマンは、大統領がニューヨーク市にいると信じるようになるが、この信念に対してプラスの証拠もマイナスの証拠ももっていない。事実、この信念は真であり、それは彼の千里眼が完全に信頼できるような環境のもとで、その能力が働いた結果であった。

このように、そのようなマイナスの証拠がまったく存在しなくても、自分の千里眼について、あるいは一般的に千里眼という能力について、また自分の信念の真偽についてプラスの証拠がまったく何もないならば、その信念は正当化されないとバンジョーは主張する。

これは新悪霊問題についてソウザが感じた問題に通底する。信頼性こそが認識的な正当さを説明するカギだとしても、それ以外の私たちの内面にある信念が何の役割も果たさないというのはどこかおかしくないだろうか。ノーマンのように、自分の特殊な能力についての自覚がまったくない人は、たしかに外在主義的に正当かもしれないが、「知っている」という状態に到達していると言えるだろうか。この点もまた、後の徳認識論へと受け継がれる問題である。

4.6.3 ブートストラップ

「私はガソリンの残量を知っている」
「どうしてそう言えるの？」
「だって私は燃料計を見ているから」
「燃料計の信頼性を確認したことはあるの？」
「一度もないけどずっとそうやってきたから実績はあるよ」

運転手であるこの女性は、ロクサンヌというこの方面の有名人の一人で、「ブートストラップ」「簡単な知識」「認識的循環」などと呼ばれる信頼性主義の別の問題を感じさせてくれる。

　信頼性主義はプロセスの信頼性によって認識的な正当さを説明する。一般性問題をひとまず措くとして、プロセスの信頼性とは成功確率の高さである。そうすると、「燃料計が正確にガソリンの残量を示している」という成功事例を積み重ねると、試行回数が増加し確率という観点から見た信頼性が上昇する。

　たとえば 3 回しかその燃料計を見ていないとき、それまでの 3 回がすべて成功したとしても次の 4 回目に失敗すれば成功確率は 75% となる。それが、99 回成功したあとであれば、成功確率は 99% である。

　したがって、燃料計そのものの信頼度が高いと仮定すれば、ロクサンヌが 4 回しか燃料計を見ていないときよりも 100 回見たときの方が、燃料の残量についての彼女の認識の信頼性が上昇している。

　しかし「一度もないけど」という発言からわかるように、彼女は燃料計の信頼度を確認したことはなく、ただ燃料計の数値を見ているだけなので、そもそもそのように信頼性が上がること自体がおかしいのではないか。

　この事例の生みの親である、フォーグルの論文から引用しよう[24]。

── ロクサンヌの燃料計 ────────────────────

ロクサンヌは、よく機能して信頼性の高い燃料計が付いた車を運転している。彼女は燃料計の状態を調べたことなど一度もない。彼女はそういうことについて何の情報ももっていない。むしろロクサンヌは、たんに目盛りを見ることによって自動車のタンク内のガソリンのレベルについての信念を自動的に形成する。たとえば目盛りに「F」と表示されていると、すぐに車のタンクが満杯であるという確信をもつ。燃料計が信頼できると仮定すれば、車のタンクがいっぱいであるというロクサンヌの信念は信頼できるプロセスによって形成されていることは明らかであるように見える。さてロクサンヌは、やろうと思えば燃料計の状態自体がどのようであるかを観察することもできる。ロクサンヌは燃料計の目盛りを読むことでタンクが一杯だと彼女が考えたとき、針が「F」を指していることに気付く。ロクサンヌは目盛りが「F」であるという信念とタンクが満杯であるという

24)　Vogel (2008, pp. 518-519).

> 信念を結びつけ、この時点で目盛りが正確だと推論する。ロクサンヌがこの奇妙な手順を何度も繰り返すことで、燃料計がさまざまな時点で正確だという信念を蓄積したと想定してみよう。ロクサンヌはさらに進んで、燃料計が一般的に正確である、つまり燃料計が信頼できることを帰納法を用いて結論する。

　この燃料計が客観的に信頼できるものだとすると、燃料計を見てタンクのガソリンの残量を判断するロクサンヌの信念は真であり、かつ信頼できるプロセスによって生み出されている。これを繰り返すことによって、この燃料計を用いてガソリンの残量を知るというロクサンヌのプロセスの信頼性はどんどん上昇する。

　常識的に考えて、ロクサンヌの「この燃料計は信頼できる」という判断は知識でない。知識であるためには、ただ燃料計を見るだけでなく、たとえばタンクのフタを開けて棒などを差し込んでガソリンの準位を調べ、それを燃料計の表示と繰り返し照合するといった作業が必要だろう。

　この事例は信頼性主義に一般性問題とは異なる別の明らかな問題があることを示している。それは信頼性を機械的な確率と理解することから生じているように思われる。ここにも、単純で機械的な信頼性主義を越えていく必要性が表れているかもしれない。

4.6.4　エスプレッソは価値問題の香り

　これらとはやや違った角度から、信頼性主義では知識がもつ独特の側面を説明できないという指摘がある。それは、知識がもつ価値である。この問題を指摘する人々によると、「知識」や「知っている」という言葉は、たんにある状態を記述しているだけでなく、何かを褒める、賞賛する、というニュアンスがある。簡単に言うと、知識には真の信念やもしかすると正当化された真の信念以上の価値がある。

　この直観はプラトンの『メノン』にも表現されていた。

メノン　そうすると、ソクラテス、もしそうなっているなら、なぜ知識は正
　　しい考えよりもはるかに価値の高いものであり、何によって知識は知識で、
　　正しい考えは正しい考えでありお互い別のものとなるのか、私には不思議
　　に思います[25]。

　もし信頼性主義が正しいならば、それは知識がもつこの特別の価値を説明しな
ければならない。知識が「正しい考え」つまり真の信念よりはるかに価値が高
いとすれば、信頼性主義はその価値を信頼できるプロセスによって説明するし
かない。

　しかしそれが成功する望みは薄い。次の会話を見てみよう。

```
┌─ エスプレッソ ──────────────────────
│「このエスプレッソは美味しいですね」
│「すばらしいだろう」
│「これまで飲んだ中で最高の味かもしれません」
│「ふふふ」
│「どんなエスプレッソメーカーを使っているんですか」
│「まず間違いなく美味しいエスプレッソを生み出すメーカーなのさ」
│「いやそうじゃなくて」
└──────────────────────────────
```

　これは、やはりこの分野で有名なリンダ・ザグゼブスキによるエスプレッソ
メーカーの比喩である[26]。美味しいエスプレッソのよさは、そのエスプレッソ
自身の美味しさに由来するのであり、それを生み出したエスプレッソメーカー
の信頼性に由来したりはしない。いくら信頼性の高いエスプレッソメーカーが
あったとしても、その信頼性の高さによってエスプレッソが美味しくなるわけ
ではない。たとえ信頼性の低いマシンが生み出したとしても、美味しいエス
プレッソはそれ自体で美味しい。

---

25)　プラトン、渡辺邦夫訳『メノン──徳について』光文社古典新訳文庫、2012 年、144 ページ。
26)　Zagzebski (2003, p. 13).

　あるいは信頼性を確率の高さと解釈するならば、言葉の拡張された意味で、悪い「信頼性」を考えることもできる。たとえば安定して高い確率で水漏れを起こす蛇口は、その確率の高さのために、水漏れを起こす信頼性の高い蛇口（通常こういう言い方はしない）である。しかしもちろんこのような信頼性のためにその蛇口の価値が高くなることはない。むしろ水漏れは悪いことなので、その蛇口はその信頼性のために悪い蛇口だと言われるだろう。

　このように、信頼性それ自体は価値の面で中立であり、問題なのは何がその信頼性があるプロセスによって生み出されるかである。

　その意味で、認知プロセスの信頼性はただそれだけでは真の信念に新たな価値をもたらさない。言い換えると、信頼性主義は知識がもつ独特の価値を説明していない、とザグゼブスキは論じる。

　知識に価値が本当にあるかどうかは議論の余地があるかもしれない。少し別の視点から、3ページで見た寒気団の例を思い出してみよう。あのときは「寒気団」という言葉の意味も知らずに「寒気団が来ている」と言う人が登場した。通常、このような人に私たちは知識を認めない。

　しかし、これが子供だったらどうだろうか。

「寒いなあ」
「寒いね。おじちゃん」
「ここんところ、急に寒くなったな」
「寒気団が来てるんだって。お父さんが言ってた」
「よく知ってるね」

　かりにこの子供が寒気団という気象用語を十分に理解していないとしても、このような場合に私たちは「よく知っているね」という言葉を使うように思われる。これは、その子供に知識を認めているというよりは「知っている」という言葉を使って褒めているのだと思われる。褒めることができるのは、何らかの価値をもっている場合に限られるとすれば、この例は知識が何らかの価値に言及していることを示す証拠かもしれない。

　これらの事例が示すように、知識に知識特有の価値があるとすれば、単純な信頼性主義はそれを説明することができない。信頼性主義は、知識の価値問題を解決する新しい理論によって補強され修正されることを必要としているように思われる[27]。

---

27)　本書 202 ページを参照。

第 5 章

証拠主義という対案——内在主義

5.1 戦線の撤退と立て直し

これまで見てきたように、ゲティア問題が発生した当初、この問題を解決するには証拠の品質を上げればよいと考えられた。しかしその試みはさまざまな困難に直面し、苦しみもがいているうちに因果説が出現し、それが信頼性主義に発展して急速に外在主義の方向へと議論が進んでいった。

このような中、1985 年になってフェルドマンとコニーがあえて証拠主義（evidentialism）を唱えたのは、この外在主義の中に重要な問題を感じたからであろう。彼らは次のように述べている。

今、証拠主義を擁護することは適切である。なぜなら、証拠主義に疑いを投げかけているように見えるいくつかの正当化理論が最近の認識論の文献に目立っているからである。大まかに言って、それらは当の信念の認識的な正当さが人々の認知機能、認知プロセス、情報収集実践に依存すると言う。しかし証拠主義は、当の信念の認識的正当化がただ証拠にのみ依存すると主張する[1]。

このように、認識的に正当であることの本質は因果やプロセスや実践ではなく当の信念が証拠に基づいているということでありそれ以外にはありえない、と

---

1) Feldman and Conee (1985, p. 16).

いうのが証拠主義の中心的な主張である。

　たしかに信頼性主義にはさまざまな問題点がある。とくにその理論の中核となるべき「信頼性」の説明の中に一般性問題という難問が潜んでいるのが重大である。

　かりに一般性問題を何らかのかたちで回避できるとしても、認識的正当化に内在主義的な要素をどの程度取り入れるべきかについて、新悪霊問題や千里眼の事例が立ちはだかる。認識的循環をめぐるブートストラップや知識の価値問題も容易な解決を許さない。

　そうなると、やはり因果説や信頼性主義は進む方向を間違ったのであり、認識的正当化や知識にとって重要なのは外在的な因果関係やプロセスの信頼性ではなく証拠の品質といった内在的な要件なのではないかという考えが再浮上してくる。証拠主義は、そのような流れの中でもっとも影響力が大きく、また包括的な理論である。

5.2　フェルドマンとコニーが証拠主義を語る

　フェルドマンとコニーは、その論文の中で証拠主義における認識的正当化を次のように規定している。

　　命題 p に対して、D という信念的態度をとることが、時刻 t において主体 S にとって認識的に正当化されるのは、p に対して D をとることが、t において S がもっている証拠にふさわしいときであり、かつそのときに限る[2]。

「信念的態度」という聞き慣れない言葉が使われているが、具体的には、ある命題についてそれを「信じる」「信じない」「判断を差し控える」のどの態度を取るかということである。簡単に言えば、証拠があるものを信じる、証拠がないものは信じない、どちらとも言えないものには判断を差し控える、ということが「ふさわしい」態度だということが想定されている。

---

2)　Ibid., p. 15.

　この「ふさわしい」という概念があいまいだと考えられるとき、その代わりに心の哲学でよく用いられる「付随」（supervenience）という概念を用いて以下のように表現されることもある。

　その基本的なかたちにおいて、証拠主義は一種の付随理論である。それによれば、ある人がある命題を信じることにおいて正当化されるかどうかについての事実は、その人がもっている証拠を記述する事実に付随する[3]。

一定の条件の下で、ある特定の分子レベルの構造がある特定の色に対応するとき、その色は分子構造に付随すると言われる。分子の一つ一つには色がない。というよりも分子が属する存在のレベルと色が属するレベルとは異なるので、そもそも分子について色を語ることができない。色は、しかるべき環境のもとで特定の分子構造に付随する。
　一般に A が B に付随するとき、A の差異があるときには必ず B の差異がある。つまり必然的に、

　A にかんする差異 $\Longrightarrow$ B にかんする差異

という関係が成り立つとき A は B に付随すると言われる。先の例だと、その条件下で色が違う場合には必ず分子配列が違うのであり、分子配列が同じでありながら色が違うということはない。もしそういうことがあれば、色は分子配列に付随せず、色の違いを引き起こす分子配列以外の要素があることになる。
　同様に正当化についての事実が証拠についての事実に付随するとき、次の関係が必然的に成り立つ。

　正当化についての差異 $\Longrightarrow$ 証拠についての差異

二人の人が同じ命題を信じるとき、彼らがもつ証拠についての事実に違いがな

---

3)　Conee and Feldman (2004, p. 1).

いならば、二人の信念の正当さにも違いがない。逆に二人の信念の正当さに違いがあるならば、それは彼らの証拠が違うことを意味している。これが証拠主義の基本的な考え方である。

5.3　証拠主義は内在主義なのか？

すでに見たように、フェルドマンとコニーに代表される証拠主義は因果説や信頼性主義といった外在主義に対する反動という面がある。それゆえその理論は内在主義の典型として理解されることが多い。

しかしたとえば、適切な因果関係や信頼できる認知プロセスから生じていることを証拠と認めるならば、単純な因果説や信頼性主義もある種の証拠主義と言える[4]。つまり証拠主義それ自体がどのような意味で内在主義であり反外在主義であるかということは、それほど明らかなことではない。

しかし少なくともその本質的な精神において、証拠主義と信頼性主義が対照的な理論であることはたしかである。したがって、証拠主義とはどのような理論かを明らかにすることは、信頼性主義がどのような理論かを理解するのに役立つだろう。

5.3.1　認識的正当化についての義務論

証拠主義をより立ち入った観点から検討するために、まず一般的に考えられているような内在主義的な証拠主義を構築してその問題点を見ることにしよう。

以前8ページで簡単に見たように、「正当化」という言葉自体が道徳的・義務論的な意味合いを含んでいる。そのため認識的正当化についてもある状況ではそれを義務論的に理解することが自然である。

たとえば他人を批判するときには、その批判の根拠や証拠をその時点で明確に述べることができなければならない。

---

4)　実際、信頼性主義を証拠主義の枠組みで記述する可能性については Feldman and Conee (1985, p. 30) で検討されているし、逆に、外在主義的に理解された証拠主義については Greco (2010, pp. 64-65) で検討されている。ジョン・グレコ、拙訳『達成としての知識』第4章 2.2 節を参照。

「私はあなたが不正をしているのを知っている」
「なんだと。知っていると言うのなら証拠を示せ」
「証拠は知らない」
「ふふん」
「私は知らないが、証拠はどこかにある！」
「なんだと！」

　かりにこの人が本当に不正をしていて本当にその証拠が存在するとしても、それを会話の時点で示せないならば不正の事実を知っているとは言えないだろう。そして何かを主張するためにはそれを知っていなければならないとすれば、この人の批判は義務に反しているので正当でないことになる。
　これは認識的正当化についての義務論（deontology）と呼ばれている立場であり、はっきりと述べると以下のようになるだろう。

［認識的正当化についての義務論］
　時刻 t において認識主体 S が命題 P を信じることにおいて認識的に正当であるのは、t において S が S の認識的義務を十分に果たしているときであり、かつそのときに限られる。

この筋で考えれば、認識的正当化を次のように理解することが可能である。すなわち、

　ある主体 S が認識的に正当であるためには S が自分の認識的な義務を果たしていることが必要でありかつ十分である。すなわち、S が自分の認識的な義務を果たしていないとき S は認識的に正当でないし、S が自分の認識的な義務をすべて果たしていれば S は認識的に正当である。

そしてこのような理解に反対する立場を採るならば、それは次のように主張することになる。

ある主体Sが認識的に正当であるためにはSが自分の認識的な義務を果た
していることは必要でも十分でもない。すなわちSが自分の認識的な義務
を果たしていないときでもSは認識的に正当でありうるし、Sが自分の認識
的な義務をすべて果たしていてもSが認識的に正当でないことがある[5]。

　他方で「べし」は「できる」を含意すると言われるように、通常の義務論の
理解において自分にできないことについて義務が発生することはない。つまり
義務論は自分にできること自分のコントロール下にあることを対象にする。同
じように認識的正当化の義務論的理解においても認識的に自分の守備範囲の内
にある事柄についてのみ正当化の問題が発生すると考えられる。

　このように証拠主義は義務論と結びつくことによって内在主義的な色彩を獲
得する。しかし自分の認識的な守備範囲とは何だろうか。どのように考えれば
私たちは自分の守備範囲を知ることができるだろうか。

5.3.2　だれもが自分の心に特権アクセスをもっている

> 「何考えてるの？」
>
> 「ふふ。教えてあげない」
>
> 「なんだよ。教えてくれよ」
>
> 「教えてあーげない」

　人はだれでも自分の心に「特権アクセス」をもっている。どんなに親しい間
柄であっても他人の心の中をのぞき見ることはできない。逆にどんな人でも、
自分の心の中に出現するさまざまな思いについて、その人だけが特別にアクセ
スする権利をもっている。その内容にアクセスできるのは、ただひとり認識主
体だけである。だれでも内省や反省だけによって自分の心の内容がわかる。こ
れを「特権アクセス」という。

　認識的義務論が言う「守備範囲の内」とは、この特権アクセスの範囲内のこ

---

5)　必要十分条件という観点からは、あと二つの理解のしかたがあるが、その検討は読者の練習問
　　題としよう。

とだろうか。たしかに私たちは特権アクセスをもつ自分の心の中を守備範囲として生きているとも言えるのであり、自分の心の中で生じることについて責任をもっている。他人の心の中などわからないのだから、他人が考えていることに責任をもてと言われても困る。

　認識的にも、自分が直接わかる心の内容について認識的な義務が生じる。たとえば、何かを主張するときにはきちんと証拠をそろえて冷静に合理的に判断するという義務があり、それを果たすことが認識的に正しいことだと考えることができる。そして、そこに認識的正当化の本質を見るとすれば、そこに特権アクセス内在主義が成立する。

　認識的正当化についての特権アクセス内在主義は、認識的な正当化が特権アクセスの範囲内にあるものの中にそして中だけに成立すると主張する。つまり、認識主体が自分の意識状態を反省するだけで自分が認識的に正当化されているかどうかがわかると考える。こう考えたとき、認識的義務論はその義務の内容を特権アクセスの範囲内に限定するという意味で内在主義である。

5.3.3　チザム登場

　このような内在主義の具体的な事例としてしばしば言及されるのは、ロデリック・チザムが『知識の理論』において展開した理論である。たとえばチザムは次のように書いている。

　伝統的な知識論の問いへ迫る通常のアプローチは、正しく「内在的」あるいは「内在主義的」と呼ばれる。内在主義者は、自分自身の意識状態を反省するだけで一群の認識原理を形成することができ、その原理を用いて、彼がもちうるどんな信念についても、その信念をもつことにおいて彼が正当化されるかどうかがわかることを想定する。彼が形成する認識原理は、いわば、ひじ掛け椅子に座ったままで見つけだし適用することができる原理であり、外部からの何の助けも必要としない。一言で言って、必要なのは自分自身の精神の状態を考察することだけである[6]。

---

6)　Chisholm (1989, p. 77). 邦訳 pp. 162-163。

チザムの認識原理やその基本となる認識的地位についてはここで詳述しないが[7]、ここで重要なことはチザムが内在主義という言葉で理解している内容である。すなわちこのタイプの内在主義は「自分自身の意識状態を反省するだけで（中略）正当化されているかどうかがわかる」のであり「必要なのは自分の精神の状態を考察することだけ」であると考える。

　認識的正当化についてのこのような理解は、特権アクセス内在主義よりもさらに強く、認識的正当化にかんする事柄がすべて認識主体の意識の中に属しているという主張を含む。この主張はしばしば（認識論における）存在論的内在主義と呼ばれるが、この言葉を使うならば、チザム型内在主義は認識的義務論、特権アクセス内在主義、そして存在論的内在主義の結果として生まれることになる。

5.4　根拠付け要件——もってる証拠はきちんと使おう

　さらに、証拠主義は別の重要な側面においてもまた内在主義である。先に100ページで見た証拠主義の規定は、証拠主義の主張を十分に表現していない。次の会話を見てみよう。

団長が大好き

「今日勝てば優勝だ」
「どうしてだい」
「団長がそう言っているのさ」
「このシリーズは七戦あるよね」
「知っている」
「これまで三勝しているな」
「それも知っている」
「だから今日勝てば優勝だ」
「ややこしいことを言うな」
---

7)　注6にある邦訳の訳者解説を参照。

　この豪快なファンは、自分の真なる信念を自分が知っている証拠に基づけることをしていない。冷静に簡単な引き算をすればわかるのに、たんに団長がそう言っているということを根拠にしてそれを信じている。かりにこの団長が信用できない人だとしてみよう。そうすると、この人は自分が主張していることの十分な証拠をもっているにもかかわらず、その証拠に自分の主張を根拠づけていないことになる。したがって、この豪快なファンが今日勝てば優勝だということを知っているとは言えない。

　より一般化すると以下のように言える。ある人が Q という命題についての十分な証拠をもっているとする。たとえばその人は「P ならば Q である」と「P である」を信じることにおいて完全に正当化されているとする。しかしその人は前件肯定式[8]が大嫌いで、その推論を使わず、それ以外の正当化されない理由で、たとえば願望的思考、性急な一般化、不確実な証言のために Q と信じているとする。この場合、かりに Q が真であるとしても、この人の Q という信念は 100 ページの証拠主義の規定を満たしながら知識でない。

　このため証拠主義は、信念のための十分な証拠をもっているという正当化条件に加えて「根拠づけ要件」（well-foundedness）と呼ばれる新たな条件を必要とする。たとえばそれは次のように規定される[9]。

　WF　時刻 t における S の命題 p に対する信念的態度 D がよく根拠づけられているのは、以下のときであり、そしてそのときに限る。
　　1. p に対して D をとることが、t において S にとって正当化されていて、
　　2. S が p に対して D をとることが、以下の条件を満たすような証拠 e に基づいている。すなわち、
　　　(a) S は t において e を証拠としてもち、
　　　(b) p に対して D をとることが e にふさわしく、
　　　(c) p に対して D をとることが e' にふさわしくないような、より包含的な証拠 e' を S が t においてもっていない。

---

8)　本書 26 ページの注 4 を参照。
9)　Feldman and Conee (1985, p. 24).

このように証拠主義は、たんに証拠を所有しているだけでなくその証拠を使用していることを要求する[10]。

　証拠主義によればこの根拠づけ要件は、正当化された真なる信念にゲティア事例を解決する条件を加えた分析（$JTB+\alpha$）から独立した、さらなる知識の必要条件である[11]。

　たしかに、たとえば私がオーナーくんがフォードを所有しているという圧倒的な証拠をもっていて（J）「オーナーくんはフォードを所有している」と思っていて（B）、実際にオーナーくんがフォードを所有している（T）としても（そしてゲティア的な問題が何も生じていないとしても（α））、私がその証拠を使わず願望的思考やその他認識的に欠陥があるしかたでそう思っているとしたら、それは知識でない。

　つまりゲティア的に問題なく認識的に正当な真の信念であっても、この要件を満たさないために知識でない事例がありうる。

5.5　チザム型内在主義とそれへの批判

　このように証拠主義は内在主義的に理解された二つの条件を含む。一つは信念を支持する証拠を所有すること、もう一つはその証拠を使用していることにかかわる。これらはいずれもチザム型内在主義の枠内で理解することができる。それはおよそ以下のような内容になるだろう。

　私たちが認識的に正当であるためには、私たちは認識的な義務を果たしていなければならない。私たちにとっての認識的な義務とは、証拠を所有しそしてそれを使用することである。ある信念をもつとき、私たちは自分がその証拠を所有しているか、そしてその証拠を使用しているかに注意すべきである。証拠の所有と使用についてのこれらの事実は、すべて認識主体の意識内容の

10）　証拠の所有は「命題的正当化」（propositional justification）、証拠の使用は「信念的正当化」（doxasticjustification）と呼んで区別することもある。前者は主体と関係なく成立する客観的な命題間の関係であり、後者は認識主体が自覚的に証拠を用いた根拠づけを行っているかどうかの問題である。

11）　Conee and Feldman (2004, p. 105).

中に成立する。私たちは、自分の意識内容への特権アクセスによってそのような事実に触れることができるので、そのアクセスによって自分が認識的義務を果たしているかどうか、そして自分が 認識的に正当化されているかどうかがわかる。

　しかしソウザは、チザム型内在主義に対して以下のような根本的な反論を加えている。チザム型内在主義は次の二つの前提の上に成り立つ。

1. 現に生じている心の属性や命題的態度のような純粋に心に内在的なものは、反省によって常に発見できる。
2. ある信念が、その非認識的属性によって特定の認識的ステータスに現実にも仮想的にも必然的に到達するとき、そのことは反省によって発見できる[12]。

ソウザは1を「内在的なものへのアクセス可能性」、2を「認識的付随へのアクセス可能性」と呼ぶが、このどちらも明白に偽だと述べる。

　フロイトやユングなどによる精神分析学の知見に接して以降、私たちはもはや、自分の心の内容をすべてくまなく反省によって知っているという幻想をもっていない。ましてや「合理的に疑えない」「認識的に安全である」「明証的である」などの認識的地位に到達していること、つまり認識的に正当化されていることをたんなる反省だけによって誤ることなく判断できるというのは、一種の独断的主張と言えるだろう[13]。

　さらに根拠付け要件についても、実際に私たちがどんな証拠を使用して当の信念をもつに至っているかを特権アクセスの範囲内で決定できると考えるのも無理があるだろう。自分では完璧な証明だと思っていても、他人に間違いを指摘されることはある。自分で証拠を使用していると思っていても、無意識にそ

---

[12]　BonJour and Sosa (2003, p. 144), 邦訳 pp. 192-193。

[13]　この点は、チザムの認識論に対する筆者の最終評価ではない。チザムの理論はゲティア以前に始まっていて（ゲティアの論文の中にチザムが登場していたことを思いだそう）、その後『知識の理論』第3版になって初めて正当化問題が明示的に取り上げられている。したがって、ゲティア以降の現代認識論の枠組みの中だけでチザムの認識論を評価することは短絡的であろう。

の使用を抑圧し別の隠された情念に突き動かされているかもしれない。

　その他にも、チザム型内在主義に対しては多くの批判がある。以下にいくつかの有名な例を列挙しておこう。

5.5.1　内在主義は十分でない

> ── 霊が見える人 ───────────
>
> 「この部屋には霊が三体いるぞ」
> 「何言ってるんですか、気持ち悪い。証拠でもあるんですか」
> 「私には見える」
> 「私には何も見えませんけど」
> 「私には見えるのじゃ」

　この会話は内在主義が十分でないことを示すように思える。この会話が示すように、当人が理由を知っているつもりならば必ずその信念が正当化されるとは限らない。自信たっぷりに堂々と間違ったことを言う人というのはどこにでも普通にいる。

　この点は、霊能力のような突拍子もないものを持ち出さなくても通常の知識のありかたにも深く関係する。次の事例を見てみよう。

> ── ベテランの医師 ───────────
>
> あるベテランの医者が、長年処方してきた薬をある患者に処方した。しかし今朝その医者に届いた緊急のメールには、その薬に危険な副作用が見つかったという報告が書かれていた。この医者は今朝に限ってメールのチェックを怠っていた。それでこの医者はまったく何の疑いもなく、むしろ自分の長年の経験の中から、この病気にはこの薬が有効だという信念に基づいてその薬を処方した。

　この医者は、自分が内省と反省によってアクセスできる十分な証拠に基づい

てその薬を処方することが適切だと判断した。特権アクセス内在主義を採るならば、この医者の信念は知識と認められることになるだろう。

　しかし明らかにこの医者には落ち度がある。夜のうちに重大なメールが届くことはよくあることであり、毎日の診療を始める前に必ずメールをチェックしなければならない。この優秀な医師は通常そうしていて、たまたまその日だけ、何かの拍子でチェックしなかったとしても、そこに落ち度があることは明らかだと思われる。したがってこの場合、この医師は、その薬をその患者に処方することが適切であることを知っているとは言えず、その信念は正当化されないと言いたくなる。特権アクセス内在主義にもとづく証拠主義は、この直観を説明できない。

5.5.2　子供だって知っている

> 「君のお母さんの年はいくつか知ってる？」
> 「知ってるよ」
> 「おじさんに教えてくれる？」
> 「32 だよ」
> 「君のその信念はどのように正当化されるのかな」
> 「おじさん何いってるの？」

　この会話は内在主義が必要でないことを示しているように思える。ある信念の理由や証拠を示すことは、ある程度高度な知性を要求する。したがってそのような理由を自覚的にもたない子供や、あまり知的レベルの高くない大人、または高等動物などは知識をもたないことになる。

　もちろん、このように知識基準を上げて、ごく一部の理想的な場合にだけ知識を認めるという戦略がないわけではない。しかし一般的に、子供であっても何かを知っている、それどころか非常に多くのことを、見方によれば大人とほぼ等しい程度のことを知っているようにも思われる。動物も、自分の飼い主がだれであるか、目の前にあるものがエサか毒か、自分の群れのボスがだれかを知っていると言っていいだろう。内在主義を取ると、このような広い意味での

知識がすべて排除されてしまう。

5.5.3　内在主義は懐疑論に直結する

「じゃあおじさんは何歳？」

「58 歳だよ」

「証拠はあるの？」

「む。あるとも」

「どういう証拠？」

「ほらこれが運転免許証。生年月日が書いてあるだろう」

「これが正しい証拠は？」

「むむ。それを言えば、住民票や戸籍ということになるかな」

「自分の戸籍が正しいとおじさんが考える理由は？」

「むむむ。戸籍は正しいに決まっているのじゃ」

「どうして？」

「むむ。私の両親はちゃんと正しく出生届を出したはずなのだ」

「『はず』って、それってちゃんとした証拠？」

「ううむ」

「なんだ、おじさんの信念も認識的に正当化されてないじゃない」

「おぬし、何者」

　このように内在主義は懐疑論に弱い。単純に考えて、個人の特権アクセスの範囲内にある資源は狭く偏って限られている。私たちは自分が知っていると思っている事柄のうちで、決定的な証拠や理由を握っているものがどれだけあるだろうか。哲学的に有名なものとしては「いま夢を見ているのではない」「他人にも自分と同じような心がある」「（自分の記憶も含めて）世界全体が 5 分前に創造されたのではない」などについて決定的な証拠を挙げることは不可能だと多くの人が考えている。

　では決定的な証拠が手に入らないものは、すべて知識や正当化から排除されるのだろうか。そうなると、私たちが知っていることは、ほとんど何もない、

あってもごくわずかだということになる。このように考えると、内在主義は知識や正当化にとって必要ですらないように思われてくる。「Pである理由を言える」ということと「Pを知っている」（または「Pという信念を抱くことが認識的に正当である」）ということとは、何か決定的に異なる別の事態なのではないかと思えてくる[14]。

5.6　精神主義──証拠主義を外在主義に拡張する

　チザム型内在主義に結びついた証拠主義はいかにも旗色が悪いが、知識と証拠のあいだに深い関係があること、言い換えれば知識を証拠という側面から理解しようとすること自体は大きく間違っていないようにも思われる。

　そうすると証拠主義が悪いのではなく、もしかすると悪いのは内在主義の方かもしれない。もし悪いのが内在主義であるとすれば、証拠主義は内在主義と手を切ることで生き延びることができるのではないか。

　証拠主義をめぐる議論において、そのような動きの一つは「精神主義」（mentalism）と呼ばれている。これは証拠にかんするさまざまな事実を特権アクセスが及ぶ範囲、つまり大まかに言って認知主体にとって顕在的な意識状態の範囲に限定せず、潜在的な意識状態にまで広げるものである[15]。

　潜在的な意識状態は、定義上、特権アクセスが及ばないので、これは特権アクセス内在主義者から見れば外在主義である。精神主義は自分が気付かないことや気付くことができないことにまで正当化の範囲を広げる。特権アクセス内在主義からすれば、なぜ自分に気付けないことにまで守備範囲を広げ、その義務や責任を考慮しなければならないのかと言いたくなるところだろう。

　精神主義は、101ページで見た付随理論の枠内で考えると、やはり証拠主義とは言える。つまり、認識的正当化や知識についての事実は証拠についての事実に付随する。別の表現をすれば、二つの事例において証拠についての事実が

---

14)　もちろんこのようなことが問題だとされるのは、懐疑論が誤りであることを前提とするような文脈においてである。懐疑論自体がどのようにして成立するか、またその有効性がどのように評価されるかということは別の重要な問題である。本書でもとくに第7章の文脈主義でこの問題を検討する。

15)　精神主義については Conee and Feldman (2001) を参照。

変わらないのに正当化や知識についての事実が変わることはない。精神主義の立場から言えば、ある主体 S_1 と S_2 がもつ顕在的・潜在的な意識状態が同一であれば、S_1 と S_2 は同程度に正当化される。

　この点で精神主義は 106 ページで見た意味での存在論的内在主義と見ることができる。知識や正当化にかんする事実は、存在論的に認識主体に内在する事実に付随する。そしてそのような事実の中には認識主体の特権アクセスが及ばないものも含まれている。

5.6.1　精神主義にも問題がある

　しかし精神主義がこの意味で内在主義であるとして、このような内在主義を保持する意味はどこにあるだろうか。内在主義をとる動機の一つは、それが義務論的な要請に応えられることだった。認識的正当化は、ある文脈では義務論的な要請を含むと理解され、その場合、義務は認識主体の守備範囲にあるものに関係するので、その守備範囲を決めるものとして特権アクセスが着目された。義務論的要請に応えられる内在主義は特権アクセス内在主義である。

　いま精神主義が存在論的内在主義であるとして、それが義務論的要請に応えることはできない。潜在的な意識が、定義上、主体のコントロール下にないのだとすると、そのようなものに義務が発生し、その履行が正当化に必要とされるとは考えられないからである。

　そうすると証拠主義における精神主義は義務論を捨てることになる[16]。では義務論を離れてなお証拠主義にしがみつく理由は何だろうか。

　おそらくそれは、証拠が知識にとって重要だという直観である。そしてその直観の一部は、証拠が真理の指針だということであろう。証拠が十分である信念は、証拠が不十分である信念よりも真である場合が圧倒的に多い。私たちは真理を目指すかぎりにおいて知識を求めるのだとすると、証拠を考慮することは知識を求めるときに決定的に重要である。

　しかしこうなると、それは信頼性主義にかなり接近していないだろうか。むしろ知識や正当化にとって重要なのは信頼性であり、証拠は信頼性をめぐるさ

---

16)　もちろん論理空間として精神主義と義務論を結び付ける余地はあるだろう。その結果がどのような正当化理論になるかは読者の課題としよう。

まざまな要素の中の一つにすぎないのではないか。もしそうだとすると、外在主義的に拡張された証拠主義は一種の信頼性主義であるという解釈も可能である。たとえば精神主義は、信頼できるプロセスを認識主体の顕在的・潜在的な意識内容に限るタイプの信頼性主義である。

　しかしこのような限定はいかにも不自然である。なぜ認識主体にとって潜在的な意識内容のところに限界があるのか。それを越えて、その信念が生じる因果的な関係や認識主体が置かれている環境や社会に広がっていってはいけないのだろうか。むしろそのように考察の範囲が広がる方が自然であり、精神主義のような制限を加えることの意味を見出すことは難しいと思われる[17]。

5.7　証拠主義は信頼性主義として生き残れるか？

　証拠主義は因果説や信頼性主義など外在主義の理論に対抗して現れた。しかしこれまで見てきたように、少なくとも外在主義的に拡張された証拠主義は信頼性主義にかなり接近している。

　この二つの理論の違いは、証拠主義が認識的な正当さの本質を証拠という言葉で捉えようとするのに対して信頼性主義は信頼性という言葉で捉えようとする点にある。では証拠と信頼性はどこが違うのだろうか。

　いま見たように、証拠が信頼性を含意するとすれば、証拠主義は一種の信頼性主義であると考えることが自然である。つまりある特定の条件の下での信頼性を判定するために、証拠という言葉や観点が有用だということがあり、そのために証拠が重要視される。

　そのような特定の条件とは、大まかに、人間の意識的な認知の領域である。高度な知的判断の場合、証拠を挙げることはその信念が真であることの重要な指針である。証拠がない信念が真である場合、それは偶然や運の結果であり信頼性が著しく劣る。証拠はあくまでも真理の指針であり真理の保証ではない。証拠が真理へと導くのは、証拠を用いた探究の方が証拠を用いない探究よりも信頼性が高いからである。

---

17)　本 5.6.1 節の論述は、Greco (2010) の第 4 章第 2 節の議論に強い影響を受けている。

　しかし証拠（evidence）という言葉の原義が「明らかに見える」ということであることからもわかるように、証拠という言葉は広い意味で本人に見えるものにしか当てはまらない。つまり本来、特権アクセスが及ぶ範囲にしか証拠という言葉を使うことはできないはずである。

　それゆえ証拠主義は「これは赤い」のような単純な知覚を説明するのに苦労してきた。このような視覚的な判断が正しいのは、対象の分子構造と光と視神経と大脳の視覚野のあいだに複雑で適切な関係が成立しているからである。しかしそのような複雑な関係のすべてに特権アクセスが及ぶことはない。したがって「これは赤い」という判断の証拠を問われても「対象の分子構造と光と視神経と大脳の視覚野のあいだにかくかくの適切な関係が成立しているからです」のように答えることが人間にはできない。

　こう考えると、証拠という言葉や観点は感覚を含めた人間の認知能力を説明するには不十分である。もちろん証拠の概念を拡張して、そのような特権アクセスの外にあるものも含めるようにすることはできるが、その場合の意味はもはや信頼性という言葉でも記述できるようなものであろう。

　もし以上のような考察が正しいならば、証拠主義は信頼性主義に吸収されることになる。証拠主義は、特権アクセスが及ぶ範囲の事柄について認識的正当化を語る便利な語り方を提供する。しかしそれらはすべて信頼性主義の言葉に翻訳することが可能である。

　これは証拠主義にとってもいいニュースではないだろうか。つまり信頼性主義に吸収されることによって、証拠主義はある特定の分野において有用な理論として生き延びることができるのである。

第6章

証拠の構造──基礎付け主義と整合主義、
そして無限主義と基礎付け整合主義

6.1 証拠はどこまでも続くのかそれとも循環するのか

前章で見たように、人間の意識的な認知という局所的な領域において証拠という観点は重要であり有用である。

しかし認識的な正当さを証拠や理由に求めるという考え方は、もう一つ大きな問題領域につながる。それは証拠の構造についての問題である。証拠は、ただ一つで決定的なものもあるが、ある証拠についての別の証拠があるという具合に芋づる式に証拠を求めることもできる。

いま、あなたがもっているある信念 P を証拠を挙げることで正当化することを試みよう。P の証拠として R_1 という理由を挙げるとする。もし R_1 にも証拠が必要なら、さらに R_2 を証拠として示すというようにそれは進んでいくだろう。

この証拠の連鎖は次のどれかの構造になるはずだ。

1. $R_1, R_2, \ldots, R_n$
2. $R_1, R_2, \ldots$
3. $R_1, R_2, \ldots, R_k, \ldots, R_k, \ldots, R_n$
4. $R_1, R_2, \ldots, R_k, \ldots, R_k, \ldots$

言葉で表現すると、以下のように言えるだろう。

1.　循環せず、どこかで止まる。

2.　循環せず、止まらない。

3.　循環し、どこかで止まる。

4.　循環し、止まらない。

1では証拠の連鎖が R_n で止まる。つまりこの R_n という証拠は、それについてのさらなる証拠がない。それに対して2は、証拠の連鎖が無限に続き、どこまでも止まらない。3と4は、証拠の連鎖の中に循環が現れる。具体的には R_k という証拠を補強する理由の中に再び R_k が現れる。したがって、この連鎖は R_k が出現した時点でそこを始点とする円環となる。3はそのようなぐるぐる回る理由の円環の中にあるどれかの理由 R_n で連鎖が止まり、4は止まることなくどこまでも回る。

6.2　基礎付け主義——証拠はどこかで止まるはず

1に特徴的なのは R_n という特別な証拠の存在である。証拠の連鎖がそこで止まるということは、それがそれ以上の理由を必要としないことを意味する。

「知っているよ。嘘だろ」

「嘘じゃありません」

「見たんだよ。君を。夕べ」

「ううっ」

この場合「私は夕べ君を見た」ということが決定的な証拠となっている。このように、私たちの日常生活の中で、それを出したら決定というような証拠がある。このようなものが R_n の例だと考えられる。

私たちの知識や認識的な正当さは、基本的にこのような、それ以上証拠が必要ない確実な事柄に基づいている、という考え方は、私たちの常識的な感覚によく合う。証拠についてのこのような理解は「基礎付け主義」（foundationalism）と呼ばれ、伝統的であるとともに現在でも有力な説となっている。

　他方このような直観とは別に、次のような推論から基礎付け主義が求められることもある。

1. 背理法の仮定として、証拠の連鎖が無限に進行するとする。
2. 証拠の連鎖が無限に進行するならば、認識的な正当さは手に入らない。
3. ある信念は認識的に正当である。
4. ゆえに、証拠の連鎖は無限に進行しない。
5. 証拠の連鎖が無限に進行しないならば、連鎖が止まるところ、すなわち基盤的信念が存在する。

このように、証拠の無限遡行から認識的な正当さが生まれることを認めないならば、簡単な推論の帰結として基盤的信念が存在することになる。それゆえ、基礎付け主義は常識的な感覚に合うだけでなく、論理的にも妥当であるように見える。

6.2.1　基盤となる信念

　ところで前の会話の「見たんだよ」のように、日常会話では基盤的信念がたしかに存在するように思えるが、少しテツガク的に考えるならば、「この目で君を見た」という信念は「見る」という叙実的な動詞[1]で表現されているが、じっさいは見間違いという可能性を排除できないのであって、より正しくは「君に見えた」と言うべきである。もしかすると君を見たのでなかった可能性もあるが君に見えたことは確実である。

　この点に配慮するならば、経験に由来する基盤的な信念は単純な事実というよりその事実についての直接的な把握[2]だと言う方が安全である。

---

1) 叙実的な（factive）動詞とは、「見る」のように、「Pを見る」から「Pである」を導くことができるような動詞。「見る」以外には「知る」「後悔する」「忘れる」など。本書3ページを参照。

2) ここで「直接的な把握」と呼ぶのは、じっさいには、直接把握（direct apprehension）、所与（the given）、直接的な気付き（direct awareness）、自己を出現させる属性（self-presenting property）などと呼ばれるものの総称である。このあたりについては、知覚理論と呼ばれる膨大な研究領域があり、これらをすべて一つの言葉でまとめるのはかなり乱暴だが、現在の論点にかんす

　目の前に白い箱が見えるとき、もしかしたら錯覚や光線の都合で見えているとおりの白い箱がそこにないかもしれない。しかし「白い箱が見えている」ということは疑うことができない確実なことである。したがってこの場合の基盤的信念は、認識主体の視野に白い箱に見えるある特定の像が出現していることであると言える。

　しかしここには二つの大きな問題があり、少なくともこのような単純なかたちで基盤的信念の存在を主張することはできないと考えられている。どちらも有名な問題であり、一つは「セラーズのジレンマ」[3]、もう一つは「斑入りの雌鳥問題」[4] と呼ばれている[5]。

6.2.2　セラーズのジレンマ

　いま認識主体である S が、目の前にある白い箱を見て「目の前に白い箱がある」という信念を形成する場面を考えよう。これを基礎付け主義で説明しようとすると以下のような要素を考慮しなければならない。

1. S の目の前に客観的に存在する白い箱
2. S の視覚（網膜）に客観的に出現した白い箱のイメージ
3. S の視覚に出現した白い箱のイメージについて S がもつ何らかの直接的な把握
4. 「目の前に白い箱がある」という S の信念

1と2は、対象と知覚能力との物理的な因果関係である。ここからただちに4に飛ぶことができると考えるのが因果説や信頼性主義などの外在主義である。したがって内在主義的に解釈された証拠主義にとって3の要素が重要である。

るかぎりで、このように簡略化する。
3)　Cf. Sellars (1956).
4)　Cf. Chisholm (1942).
5)　これらの問題を含む内在主義的基礎付け主義の問題点とそれについての討論は、BonJour and Sosa (2003) に詳しい。邦訳（バンジョー・ソウザ 2006）も参照のこと。以後の本節の論述は基本的に同書におけるバンジョーの解釈に基づくものであり、オリジナルの議論とはやや異なる点がある。

この3の要素によってSは自分の信念の根拠に特権的にアクセスし内在的に正当化される。

　セラーズは、ここであるジレンマが発生することを示す。

A. 3の直接把握が命題、判断、概念といった信念的な内容を含むとする。そうするとその内容が真であることを説明する必要が生じる。したがって3は基盤的信念でない。

B. 3が信念的な内容を一切含まないとする。しかしそうすると内容を一切含まないものが4のような信念をどのようにして正当化するのかを、特権アクセス内在主義を使って説明しなければならないが、それは困難である。たんに3が4を事実上正当化すると主張すればそれは外在主義である。したがって3は4を正当化することができず、ゆえに3は基盤的信念でない。

3の直接把握が信念的な内容をもつとしてももたないとしても、それは基盤的信念でないことになるが、内在主義を採るかぎり先の1から4のうち3以外のものが基盤的信念ではありえない。ゆえに基盤的信念はどこにも存在しないことになる。

　やや乱暴に単純化すると、このジレンマは心身問題の一種として見ることができる。心身二元論に立つと物質と意識内容は根本的に異なるものなので、物質から意識内容が生じることも逆に意識内容から物質が生じることもない。

　セラーズのジレンマは1と4という両端にそれぞれ物質と意識内容を置き、基盤的信念をこの両者を橋渡しするものと想定する。しかしそもそもその橋渡しはできないので、基盤的信念は存在しえないと結論する。

　しかしそうすると基礎付け主義者は次のように論じることができるのではないか。

　セラーズのジレンマが心身問題の一種であるならば、認識論としては問題を迂回することができる。物質からどのようにして意識が生じるかは難しい問題だが、そのメカニズムを解明することはとりあえず別の学問に任せて、少

なくとも事実上、目の前の白い箱についての直接的な把握から「目の前に白い箱がある」という信念が発生するのだから、この直接的な把握を基盤的なものと見なせばよい。

しかしこの迂回路を進んだとしても道は行き止まりである。それを示すのが次に見る斑入りの雌鳥問題である。

6.2.3　斑入りの雌鳥問題

> ── 意地悪な眼科医 ─────────────────────
>
> 「これから視力検査をします。見えた図形を言ってください。はい、これは？」
>
> 「三角形です」
>
> 「はい、正解。これは？」
>
> 「五角形です」
>
> 「正解。では、これは見えるかな？」
>
> 「うーん、ええと、十二角形かな？」
>
> 「残念。十三角形でした。あなたの視力は 0.6 です」
>
> 「ええっ？　はっきり見えているんですけど」

　この意地悪な眼科医は、十三角形などという複雑な図形を用いて視力検査を行っている。この検査が正しくないのは、この事例のように被験者がはっきり見えているにもかかわらずそれが何角形かを言うことができないからである。

　言い換えると、この検査は単純な視力検査でなく、注意を向けている図形が何角形かをどれだけ正確に言い当てられるかを調べる検査を含んでいる。たしかにこのような能力には個人差があることが予想される。三角形や四角形ではほぼすべての人が正しく言い当てられるが、それ以上になると、とくに正 n 角形というかたちでない場合、はっきり見えていて十分に注意しているにもかかわらず間違う確率が高くなるだろう。しかしごく稀に、たとえばサヴァン症候群と呼ばれる症状のある人などは五十角形を正確に識別するかもしれない。

　この検査で単純な視力に加えて要求されている能力を、便宜上「識別力」と呼ぶことにしよう。すると A さんは視力が 1.0 で識別力が 6 だが、B さんは視力が 0.6 で識別力が 8、サヴァンの S さんは視力が 1.2 で識別力が 50 というようなことが起こる[6]。

　すると十分に近いところに十角形を見せたとき、かりにこの三人が全員「十角形です」と答えたとしてもその信頼度が異なることになる。当然、信頼性は、高い方から S さん B さん A さんである。そうだとすると、この場合の S さんの判断は十分に基盤的なものと認めてもいいが、A さんの判断は間違っている可能性が高いので基盤的とは認められないだろう。

　つまりこの事例は「見えているのに、言えない」「目の前のものに気付かない」という状況があることを示しているだけでなく、より重大なことに「はっきり気付いているのに判断を間違う可能性がある」「はっきりとした気付きの段階で、すでに信頼性に差がある」ということである。この問題は「斑入りの雌鳥問題」と呼ばれている[7]。

　　斑入りの雌鳥をパッと見たときに得られる視覚のセンス・データを考えてみよう。そのデータは多くの斑点を「含んでいる」と言われるだろう。（中略）ではそのデータは何個の斑点を含んでいるだろうか？（中略）もし私たちがそれは 48 個だと判断するならば、少なくともあまり詳しく検討していない時点では、それが間違っている可能性が大いにあるだろう。（中略）困難は、注意されないままの多くの斑点をもったデータという特徴が存在するはずだということではなく、もっと深刻なことに、私たちは自分が実際に注意している事柄について信頼できる判断を行うことができないということである[8]。

たとえば、先ほどの「白い箱」を、「雌鳥の 48 個の斑点」に入れ替えてみよう。

---

6)　この場合の「識別力」は、はっきり見えている図形について、安定して識別できる最大の多角形が n 角形であるときの n の値で表現されるとしよう。

7)　この問題は、1942 年のチザムの同名の論文（Chisholm 1942）によってよく知られるようになったが、この論文が出た時点で、すでに、G・ライル、A・J・エアー、H・H・プライスなどによって議論されていた。

8)　Chisholm (1942, p. 368).

すると、基礎付け主義者によれば、以下のようなことが起こっているはずである。

1.　A さんの目の前に客観的に存在する、雌鳥の 48 個の斑点
2.　A さんの客観的な視野（網膜上）に出現した、雌鳥の 48 個の斑点の映像
3.　A さんの客観的な視野に出現した、雌鳥の 48 個の斑点の映像が引き金になって A さんが手に入れた何らかの直接的な把握
4.　「目の前に、雌鳥の 48 個の斑点がある」という A さんの信念

A さんが特殊なサヴァンでないかぎり、通常この4のような信念は生じない。しかしかりに A さんが「目の前に、雌鳥の 48 個の斑点がある」という信念をもったとしても、基礎付け主義者にとっての問題はそれを確実で知識の基礎をなす基盤的なものと認めることができないということである。

　したがって基礎付け主義は、この問題をクリアするために何らかの条件を加える必要に迫られる。3個なら大丈夫だが 48 個ではいけない理由は何か。

　かつてバンジョーは、ソウザとの論争の中で以下のような条件を示したことがある[9]。

　ある人が時刻 t において意識的に「この視覚のセンス・データは 48 個の斑点を含む」と信じることにおいて正当化されるのは、t において以下の四つの条件が満たされるときである。

(a)　その人は「この視覚のセンス・データは 48 個の斑点を含む」を信じている。これが意味するのはもちろん、その人がその信念の記述的内容を理解していることである。

(b)　その人は 48 個の斑点を含むセンス・データという知覚内容 C を伴う感覚経験 E を行っている（なぜなら、その人は日中の太陽光のもと、手が届くくらいの近さで、その雌鳥の片側を見つめていて、それぞれが完全に離れて区別される黒い多くの斑点がそのようにあるのだから）。

---

9)　正確には、バンジョーの論述をソウザがまとめたもの（バンジョー・ソウザ 2006, p. 288-289）。

(c) その人は意識的に「この視覚のセンス・データは 48 個の斑点を含む」を信じているとき、自分の経験 E を 48 個の斑点を含むセンス・データという知覚内容 C を伴うものとして記述している。

(d) 誤りが生じているのではないかと思う特別な理由が存在しない。

バンジョーが加えるのは、(d) の条件である。大まかに言うと、48 個の斑点が目に入ったとき、それが 48 個だという確信がもてず、間違っているかもしれないと思ったならば、その人は正当化されない。

しかしかりに、間違っているかもしれないと思わなかったらどうだろうか。この人は自信たっぷりに 48 個だと思ったとしてみよう。そして、なんと、この人は、さっきの A さんであり、彼女の「識別力」[10] は 7 だったとしてみよう。そして A さんは、自分のこの識別力についてまったく知らないと仮定してみよう。

そうするとこの場合の A さんは、バンジョーの条件 (a)〜(d) を満たすにもかかわらず「雌鳥の 48 個の斑点が見えている」[11] という信念において正当化されない。

この A さんの信念が正当化されない理由は何だろうか。それは明らかに A さんのこの場合の「識別力」の低さであり、またその自分の識別力の低さに気付いていないことである。そしてこれらの理由は、A さんにとって、ただ反省によってのみ知られる事実でない。つまりこれらの理由は、A さんの特権アクセスの範囲の外にある。

以上のことが意味するのは以下のことであろう。

1. 感覚的な知覚において、直接的な把握についても、それを無条件に基盤的なものと見なすことはできない。
2. それを基盤的なものと見なせるように追加される条件は、認識主体の特権アクセスの範囲の中にない。

---

10) もちろん、この場合の「識別力」は、はっきり見える視野の中にある複数の斑点について、安定して識別できる最大の斑点の数が n 個であるときの n の値のことである。

11) バンジョーの表現だと「この視覚のセンス・データは 48 個の斑点を含む」。

3. 感覚的知覚における直接的な把握が基盤的なものと見なされるには、「信
　頼性」などの外在主義的な要素が必要である。

　このように、セラーズのジレンマと斑入りの雌鳥問題は、特権アクセス内在
主義の範囲内で基盤的信念が存在するという主張を危うくする。したがって、
内在主義的に解釈された証拠主義において基礎付け主義を擁護することは困難
である。

　次に見る整合主義は、このような流れの中で認識的正当化についての有望な
理論として浮上した。

6.3　整合主義——信念はすべて平等だ

　117ページで見た四つの証拠の構造のうち、3と4は理由の連鎖の中に循環
が発生するパターンである。3は循環が発生しながら連鎖が有限でどこかで止
まるが、4は循環が発生して無限の連鎖となる。

　しかし証拠や理由という観点から見るかぎり、実際には3が成立する合理的
な理由を見つけることは難しい。なぜならその連鎖の中に二度目の R_k が現れ
た時点で、そこから先は無限ループになるはずで、それが無限ループであるに
もかかわらずどこかで止まるということは、そのループを回しているのとは違
う外部からの力によって、たとえばその人が考えるのをやめて食事に行ったか
ら止まったと考えられるからである。

　したがって認識的正当化の問題として証拠や理由の観点からモデル化するか
ぎり、循環を含む連鎖がとりうる自然な構造は4となるだろう。つまり証拠の
構造は循環や相互扶助を許すかたちで無限に進行する。このモデルを採用する
のが「整合主義」(coherentism) である。

　しかし、どうしてそのように無限にぐるぐる回るような理由が何らかの信念
を正当化したりするだろうか。

┌─ 聖書は正しい ─────────────────────
│「聖書に書いていることはすべて正しい」

「どうしてですか」
「神が聖書を書いたからだ」
「それはどうしてわかるんですか」
「聖書にそう書いてあるのだ」

このように、単純な循環推論は認識的な正当さを生み出さない。ある信念 P をいくつかの証拠によって正当化しようとするとき、その証拠の中に P を用いてはならない。もし用いるなら、それは論点先取や循環論法と呼ばれ、古代から知られる誤謬推理となる。したがって証拠の構造についての整合主義はこのような単純な論点先取や循環論法を排除する仕組みを備えていなければならない。

基礎付け主義では、基盤的信念 R_n がもっている認識的な正当さが理由の連鎖を通って問題となっている信念 P にまでもたらされると考える。

このイメージをそのまま 4 の構造に当てはめると、それはすでに見たように論点先取や循環論法になる。しかし整合主義は、そもそも基盤的信念のような特権的で特別な理由を容認しない。すべての信念は平等であり、どんな信念でも必ずそれを支持する理由を必要とする。したがって、ある認識的な正当さが証拠や理由の連鎖を通って伝達されるというイメージで整合主義を理解することはできない。

では基盤的信念のような特権的な信念を認めない場合、認識的な正当さはどこから生じるだろうか。整合主義において、すべての信念は派生的であり、他の何かの信念によって理由付けられている。重要なことは、そのような理由同士の網の目のような連鎖において矛盾がないこと、そしてその証拠や理由の集合が大きな一つの整合的な全体をなしていることである[12]。

つまり整合主義においてある信念 P が認識的に正当であるのは、それが十分に大きく整合的に関係する信念の集合に属しているときであり、かつそのときに限られる。

---

[12]　たんに大きくて矛盾がなければいいというわけではない。この整合性は、世界全体について語りうるような豊かな内容にやどらなければらない。

　重要なことは、基礎付け主義において、認識的な正当さは証拠にかんする推論を通して伝達されるのに対し、整合主義において正当さは伝達されるのでなくむしろ発生するということである。基礎付け主義における認識的正当さの度合いは基盤的信念のそれに依存するのに対して、整合主義における認識的正当さの度合いはその信念が属する信念集合の大きさに依存する。先に127ページで見た典型的な論点先取の議論がまったく認識的な正当さをもたないのは、整合的な信念集合のサイズがあまりにも小さいからである。

6.3.1　整合主義には三つの問題がある

　標準的な整合主義に対しては以下の三つの問題点がよく知られている。

1. 孤立問題
2. 選択問題
3. メタ正当化問題

信念が整合性だけで正当化されるのであれば、他人の話をまったく聞かないで自分の頭の中だけで完璧に筋の通った話を作り上げた人であっても物事をよく知っている人だということになる。あるいは、より哲学的な言い方をするならば、感覚入力を受け入れずに成立した現実世界から孤立する信念体系が、整合的であるということだけで、外界についての信念に認識的な正当化を与えることになる。孤立問題とは、この点を整合主義がどう説明するかという問題である。

　次の選択問題は、孤立問題とも関連するが、外界からの入力を無視して組み上げられる整合的な信念体系というものは、原理的にいくつでも作ることができる。では、これらの体系はどれもすべて同じように正当化の力をもつのだろうか。

　もしそうだとすると、内容的に矛盾する二つの信念がそれぞれ別の整合的な体系に属しているとき、どちらの信念も正当化されることになる。しかし「君の言うことは筋が通っている、あなたの言うことも筋が通っている。どちらも正しい」と言ったところで抗争は収まらない。あるいは「神は存在する」「神

は存在しない」という矛盾する二つの命題が、それぞれ有神論と無神論という巨大で整合的な信念集合に属するとき、このどちらの命題も正当化されることになる。これは現代によみがえった中世の二重真理説である。

また3のメタ正当化問題とは、整合性が正当化を生み出すという考えそのものをどのように正当化するかという問題である。基礎付け主義であれば、基盤的信念はいわば無条件に正当化されているのであり、直接・間接にそれに基づく派生的信念も、その基盤的信念がもつ正当化を受け取ることによって正当化されるのだという比較的自然な説明を与えることができる。

しかし整合主義は、少なくとも一見するかぎり、整合性という正当化とは異なる概念を持ち出して、それが正当化の根拠であると主張する。先に少し触れたように、整合性と事実（真理）のあいだには、何かぼんやりとした関連性があるようにも思えるが、しかし理論としては、それがどのような必然的な関連であるかをきちんと説明する必要がある。「ただ事実だけが大規模で長期にわたる整合性を生み出しうるのだ」と答えるだけでは、理論として不十分である。

おそらく整合主義にとってもっとも厳しいのは、このメタ正当化問題である。なぜなら、これに答えないと整合主義はすべての信念が平等でありただ整合性だけが重要だという主張を根本から失い「大規模な整合性が認識的な正当さを生み出す」という基盤的信念に基づく理論であることになる。つまり、整合主義は、基礎付け主義の一バージョンへと崩壊するのである。

6.3.2 理解が大切

内在主義的に解釈された証拠主義において、証拠の構造の整合主義的理解はかなり旗色が悪い。しかしいったん証拠の構造をめぐる基礎付け主義と整合主義という古い対立図式を離れるならば、近年、整合主義は新たな注目を集めている。それは「理解」（understanding）ということの解明のために整合性が重要な役割を果たすからである。

理解するとはどういうことだろうか。またその重要性はどのような意味をもつのか。知覚や記憶など、理解することがほとんど、あるいはまったく重要でない場合もある。目の前に赤いものがあるという知覚はどんな理解も必要としないように思える。むしろその知覚が、事実として他の事柄の理解に用いられ

る。たとえば、目の前に消防車があるという信念を正当化するための一つの材料として。

　記憶も似たようなものである。何かを理解することによって思い出すのではなく、むしろ、何かを思い出すことによって別の何かを理解する。

　他方、理解が重要な役割を果たす場面もある。ピタゴラスの定理を理解することは、たんに三辺の関係を暗記することよりも値打ちがあるように思える。受験のために多くの数学の証明を暗記している生徒よりも、正しく推論して証明を書くことができる生徒の方が優れているのは明らかである。この場合、理解することはそれを説明できることと強く関係するだろう。

　説明するとは、ごく大まかに、他の概念を用いてそれを述べ直すことである。

　ただし、文脈によって理解は必要とされたりされなかったりする。ピタゴラスの定理を理解することよりも、それを使用して測量することの方がはるかに重要な場合があるだろう。証明を暗記している生徒の方が、最初から自分で証明を組み立てようとする生徒よりも高い得点を得ることはある。実践的な目的達成が重視される文脈では、理解が必要とされない場面はたしかにあるだろう。

　$1+1=2$ を理解するとはどういうことだろうか。この計算は小学校の低学年で教えられて多くの子供はそれを理解する。しかし発明王エジソンは、それを理解せず、能力が低い子供だと見なされたという逸話を聞いたことがある。

　通常の小学校の教育の文脈では、$1, 2, +, =$ という記号のぼんやりとした理解を得ることで十分であり、その理解に立って、他の計算たとえば $2+3=5$ というような計算ができればよい。しかしこの場合の「ぼんやりとした理解」とは何のことなのだろうか。

　少なくともエジソンは、おそらくそのような「ぼんやりとした理解」では満足せず、もっとはっきりとした理解を求めたのだろう。歴史的な事実にはあまり興味が無いので、そう仮定しよう。つまりエジソンは「はっきりした理解」を求め、そのような理解をえられないので、$1+1=2$ を理解しない、わからないと述べたと仮定する。このエジソンくんの重要性はどこにあるだろうか。

　同じような事例として $(a \to a)$ という論理式を考えてみよう。同一律などと呼ばれるが「a ならば a である」ということを意味すると解釈できる。これが理解できるかと問われるならば、多くの人は戸惑うだろう。おそらく $1+1=2$

ほど手垢にまみれていないので、むしろその違和感だけが抽出されて問題をよりはっきりと感じることができるかもしれない。

　経験的には「aならばaである」は当たり前のことである。当たり前すぎて使い道がない。1+1＝2のようなその後の発展も期待できそうにない。「今日が火曜日ならば今日は火曜日である」と言い出す人がいれば異様に感じるだろう。しかし間違っているわけではないので、その意味では正しい。だからタチが悪い。

　ところが論理学者が次のようなことを言ったらどうだろうか。「この論理式は証明可能な定理であり、いくつかの公理から形式的に導くことができる。その証明のプロセスを理解することが、この論理式を理解することに相当する」。じっさい論理学の教科書に出てくるような有名な公理系で $(a \to a)$ は次のように証明できる。

$a \to (b \to a)$	公理 (1)
$(a \to (b \to c)) \to ((a \to b) \to (a \to c))$	公理 (2)
$a \to ((a \to a) \to a)$	1, $b/(a \to a)$ (3)
$(a \to ((a \to a) \to a) \to ((a \to (a \to a)) \to (a \to a))$	2, $b/(a \to a)$), c/a (4)
$(a \to (a \to a)) \to (a \to a)$	3, 4, MP (5)
$a \to (a \to a)$	1, b/a (6)
$a \to a$	5, 6, MP (7)

最初の二つの公理と最後の行に出てくる同一律との関係を見て取ることが、この証明を理解することである。もちろん一般の人は「aならばaである」ということをこんな風には考えていない。一般の人は次のように言うだろう。こんな風に理解しなくても「aならばaである」ということは自明であり、そのかぎりで使用可能である。使用可能であるかぎり、このような論理学的な理解は必要ない。しかしおそらく私たちのエジソンくんは、目を輝かせてこう言うのではないだろうか。「これがぼくが求めていたものだ」。

　1+1＝2は、その数字や記号が意味することがある一定のレベル以上に理解できれば、すぐに全体の意味が理解できるという意味で自明のことであり、そ

してそのレベルの理解だけで、さまざまに応用し使用することができる。しかし、なぜそうなのかという問いに対しては、少なくとも小学校では十分に答えてくれない。エジソンくんの不満はそこにあるのではないか。つまりエジソンくんは「なぜ$1+1=2$なのか、その理由がわからない」と考えているのではないか。そして「その理由」の一つのあり方が、先ほどの同一律の論理的な証明というかたちなのではないか。

　少し一般化すると、エジソンくんが求めているのは広い意味での証明あるいは説明であると考えられる。そしてこの場合の説明とは、前に触れた概念や命題の説明と同様、あるものを別のものによって述べ直すこと、一般的に言って、あるものを別のものと関係づけることと言えるのではないか。$1+1=2$を、ただそれだけを自明なものとして受け入れるのではなく、何か別のことと関係させて受け入れること、これを私たちのエジソンくんは求めていたのに、そういう風に大人は説明してくれないので、彼はそれを理解しないと言ったのではないか。

6.3.3　正当化は伝達されるのかそれとも発生するのか

　「理解」や「説明」をめぐる考察から見えてくることが一つある。それは、整合性に注意しつつ一つの信念を他の信念に関係づけること自体が、認識的な価値をもつということである。言い換えれば、128ページで少し触れたように、認識的な正当さはたんに証拠の連鎖の中を伝達されるだけでなく、そのような整合的な連鎖の中で発生し増幅される。

　この洞察は重要である。この点に注目するならば、整合主義は基礎付け主義の対立理論ではなく、認識的な正当さがもつもう一つの側面に注目する理論だったという見方が可能になるかもしれない。

　この正当化の発生や増幅というアイデアは、これまで見込みがないとされていた証拠の構造に新たな生命を吹き込んだ。それが次に見る無限主義である。

6.4　無限主義——無限遡行でもオッケー

6.4.1　定説への挑戦——無限遡行が正当化を生む

前に述べたとおり、証拠や理由の連鎖が2であるとき、つまり、循環することなく無限に続くとき、それは無限遡行であり正当化を生み出さないと考えられてきた。しかし現代ではこの構造を積極的に認める「無限主義」(infinitism)[13]という立場が注目されている。

もし認識的な正当さが基盤的信念だけに由来するならば、証拠の連鎖が無限に遡る無限主義のモデルではいつまでたっても基盤的信念に到達しないので、結局、求めている正当さが得られない。

これは基礎付け主義において証拠にかんする推論がたんに正当さを伝達する役割しかもたないと考えられているからである。しかしすでに見たように、整合主義は証拠にかんする推論それ自体から認識的な正当さが発生すると考える。

無限主義はこの点で整合主義に賛成する。認識的な正当さは特権的な信念から推論を経て伝達されるのでなく、証拠をめぐる推論から発生する。しかし無限主義は整合主義が容認する循環や相互扶助を認めない。いくら整合的な信念の集合が大きくてもその中に循環がある場合、それは認識的な正当さを生み出さない。

> ── 聖書は正しい（2）────────
>
> 「聖書に書いていることはすべて正しい」
> 「どうしてですか」
> 「いいか、聖書には、〈あれやこれやの壮大な話〉と書いてある。それが理由だ」

このように、循環的な理由はどんなにその話がすばらしく壮大でもやはり最

---

13)　無限主義については、Klein (1999) に端を発する、ピーター・クラインの一連の論文や著作を参照。無限主義と基礎付け主義との関係については、Turri (2009) が示唆に富む。

初の信念を正当化しないだろう。

　その代わりに無限主義が注目するのは証拠や理由についての推論の長さである。いまかりに基礎付け主義が正しいとして、次のような理由の連鎖があるとする。P は正当さが問題になっている信念、$R_1, R_2, \ldots$ はそれについてのさまざまな理由、B は基盤的信念である。

$$B \to R_1 \to R_2 \to \ldots \to P$$

このとき基礎付け主義は B がもっている認識的な正当さを $R_1, R_2, \ldots$ が伝達してそれを P にもたらすと考える。

　この理解だと、この $R_1, R_2, \ldots$ の部分が長くなればなるほど基盤的信念までの距離が長くなるので、P の認識的な正当さは減衰する。もっとも強い正当さを担うのが基盤的信念であるならば、その正当さは多くの派生的信念の中を伝わることによって弱まってしまうはずである。

　無限主義者はこのような基礎付け主義の伝達モデルに賛同しない。彼らによれば、このモデルは実際の私たちの推論を正しく描いていない。実際には $R_1, R_2, \ldots$ の部分が長くなればなるほど P の正当さは増幅する。

　118ページの会話の続きを見てみよう。

「見たんだよ。君を。夕べ」

「ううっ。だけどなぜ私だとわかるんですか。私だという証拠がありますか」

「そのジャケットを着ていたんだよ」

「こんなジャケットどこにでも売ってますよ」

「左の袖ボタンが取れそうに見えたんだ」

「そ、そんな人、他にもいるでしょう」

「そのボタンを付けてあげたのは私だったよね」

「ううう」

　たしかに私たちが自分のある信念 P についてその証拠や理由を述べるとき、たった一つの証拠 R_1 を述べるだけでも P の正当性は増す。R_2, R_3 と証拠の連鎖をたどっていけば、さらにそれだけ P の正当さは増すであろう。もちろんこの場合、証拠の中に循環がないことが必要である。

　基礎付け主義は認識的正当さを伝言ゲームのように考えている。最初にもっとも確実な情報が手に入り、その確実さをできるだけ保ったまま後に伝えていくことが重要だと考える。

　たしかにそれが重要であるような場合もある。伝言ということがまさにそうだし、それに類似するような広い意味での情報伝達の場合には、おおむねこのモデルが当てはまる。あるいは、いくつかの公理と推論規則とから定理を積み上げていくような公理系では、公理がもっている性質（真であること）が証明の中で保存されることが望まれる。

　しかしこのモデルは、必ずしも実際の私たちの日常的な認知活動に当てはまらない。認識的な正当さは、必ずしもどこかから伝達されてくるのではなく、発生し生み出される場合がある。

　このように考えるならば、伝統的に無限遡行と言われたものが必ずしも証拠の構造として悪いものでないことがわかる。いくつかの証拠を挙げていくことによって正当さが強まるならば、その証拠の連鎖が基盤的信念で止まる必要はない。基盤的信念に至るまでに、知識に必要とされる十分な正当さが手に入ることもありうるだろう。

6.4.2　無限主義は本当に可能か

　しかしこのように理解された単純な無限主義にはいくつかの問題点がある。いま無限主義の主張をおおざっぱに以下のようにまとめてみよう。

1. 理由を挙げることによって正当化が発生する。
2. 多くの理由を挙げるほど正当化は増大する。
3. 知識に必要とされる正当化の程度はそのときの文脈によって決まる。

このように列挙してみると、無限主義は知識や認識的正当化の理解としてかな

り弱い主張であることがわかる。じっさい、このようにして正当化が達成されるならば、ほとんどどんな信念でも正当化されることが可能だろう。

　たとえば論理的な含意関係が理由として機能するとすれば、以下のように任意の命題 P_1 と $\neg P_1$ について無限の理由を挙げることができる。($P \Leftarrow Q$ は「P である理由は Q である」を表すとする。）

$$P_1 \Leftarrow ((P_2 \to P_1) \wedge P_2) \Leftarrow ((P_{2.1} \to ((P_2 \to P_1) \wedge P_2)) \wedge P_{2.1}) \Leftarrow \ldots$$

$$\neg P_1 \Leftarrow ((P_3 \to \neg P_1) \wedge P_3) \Leftarrow ((P_{3.1} \to ((P_3 \to \neg P_1) \wedge P_3) \wedge P_{3.1})) \Leftarrow \ldots$$

無限主義において、これは任意の命題 P とその否定 $\neg P$ をどちらも正当化できることを意味する。整合主義がこの問題をもつことは有名だが[14]、単純な無限主義にも同じ問題がある。

6.4.3　クラインが無限主義を熱く語る

　またクラインによれば、どの程度の正当化が必要か、つまりどの程度長い証拠の連鎖が必要かは文脈によって決まる。実際の彼の論述を読んでみよう。

　無限主義は、p という信念が S にとって信念的に正当化[15]されているのは S が証拠の終わりのない経路に沿って「十分な」理由を与えることに携わっているときに限られると考える。かりにその経路の中のすべての理由が与えられたら、S は信念的に完全に正当化されたであろう。しかし理由を与えるには時間がかかると仮定すれば、かりにある命題が完全に正当化される可能性があるとしても（理由の適切な経路がある場合）、どんな信念も信念的に完全に正当化されることはない。何も完全には決着が付かないかもしれないが、S が自分の信念の理由を与えるプロセスに携わり続けるかぎり、それらの信念はよりよく正当化される——それは S が自分の仕事の完成に近づくからではなく、S が自分の信念に対する理由をより多く与えているからである。S

---

14)　選択問題。本書 128 ページを参照。

15)　本書 108 ページの第 5 章の注 10 を参照。

がどれだけたくさんの理由を与える必要があるかは、その認識的文脈の実践的な問題——ちょうど、どの信念が問われていてどの信念が理由と見なされるかが文脈によって決まるように——であると私には思われる[16]。

このようにクラインは、命題間に客観的に成立する関係として線形の無限列を認めるとしても、実際の具体的な認識主体の中に生じる証拠の連鎖としては有限の列しか生じないことも認めている。これは人間の心が時間的にも容量的にも有限であることを考えれば当然のことである。証拠や理由の連鎖が無限であるということは、以下の二つの要請から生じる。

1. どんな信念もそれだけで十分に正当化されることはない。（基盤的信念の否定）
2. 証拠や理由の連鎖の中に循環があってはならない。（循環の否定）

したがって、この理論が無限主義であると言われるときの「無限」は、ある意味で認識主体とは関係のない命題の世界だけで成り立つと想定されるもの、つまり理論的な要請にすぎない。神の中に無限の知があると想定した中世の神学者と同じで、有限な人間の知識の構造をめぐる議論とは少し違う視点からのものであるように見える。

　また無限主義にとって根幹となる正当化の「発生」についても重大な疑問がある。すでに見たように、無限主義によれば、正当化は基礎付け主義が考えるように伝達されるのではなく、むしろ理由を挙げることによって発生し、たくさんの理由を挙げることによって増幅する。しかし整合主義の選択問題に類似した問題が発生することから考えて、この主張には根本的な疑わしさがあるように思われる。

　いま、まったく正当化されない二つの信念 B_1 と B_2 があったとする。このとき、B_1 の証拠として B_2 を挙げることによって B_1 の正当さは少しでも増幅するだろうか。それは $B_3, B_4 \ldots$ といくらたくさん正当化されない信念を証拠と

16）　Klein (2007, p. 10).

して出してきても同じであるように思える。そうするとこの場合にもし B_1 の正当さが少しでも増すとすれば、それはたんに B_2 以下の信念を証拠として挙げたからではなく、B_2 以下の信念がいくらかの正当さをもっていて、それが伝達されたからではないだろうか。

「見たんだよ。君を」

「証拠はありますか」

「そのジャケットを着ていた」

「着てません」

「左の袖ボタンが取れそうに見えたんだ」

「しっかり付いてます」

「そのボタンを付けてあげたのは私だったよね」

「何の関係がありますか」

　このような例を見ると、正当化はたんに他の信念を証拠として挙げるだけでは発生せず、大切なのはやはり基礎付け主義が主張するような正当化の伝達であるように思えてくる。しかしおそらくこのような事例だけでこの問題に決着を付けることは間違いだろう。かりにも整合主義がある程度の妥当さをもつとすれば、信念の相互扶助による正当化の問題は安易な解決を許さないはずで、これは次節の基礎付け整合主義において重要さを増す。

　ただ無限主義が基礎付け主義と違うのは、それだけで十分に正当化される基盤的信念を認めないところである。しかしすでに見たように、無限主義は実際の認識主体内部に生じる信念的正当化において証拠の連鎖が有限であることを認めている。そしてその連鎖がどのくらいの長さで止まるかを決めるのは主体が置かれている実践的な文脈である。

　もしこれが無限主義の実質的な主張だとすれば、それは文脈主義的な基礎付け主義、つまり文脈に応じて基盤的信念が変わることを認めるタイプの基礎付け主義であることになるだろう。その場合、文脈に応じて基盤的信念が変わるメカニズムをさらに理論化しなければならず、その仕事は第7章で見る文脈主

義に引き継がれることになる。

6.5　フローチャートで整理しよう

これまでの考察を整理するため、図6.1でフローチャート風に確認しておこう。図の矢印で、実線はYes、破線はNoを意味する。菱形の判断の意味はそれぞれ以下のとおりである。

PB　正当化された基盤的信念の存在を認めるかどうか（Proper Basicality）

JJ　正当化は正当化された信念にのみ由来するかどうか（Justification requires Justified belief）

CR　循環による正当化を認めるかどうか（CiRcularity）

IR　無限遡行による正当化を認めるかどうか（Infinite Regress）

この節の議論が正しいならば、クラインの無限主義は実際にはこの図の右端にある「不完全基礎」に分類される。それはJJの否定すなわち不完全に正当化された信念であっても正当化の力を認める立場である。そしてもし正当化に必要な証拠の連鎖の長さが文脈によって決定されるという立場を保持するならば、それは文脈主義の一種である。

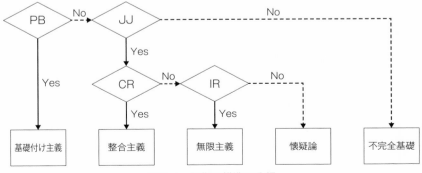

図6.1　証拠の構造の分類

6.6 基礎付け整合主義という選択肢

　証拠の構造については、これら以外にも複雑な構造が無数に考えられるだろう。そのような複雑な構造については、必ずしもこのようなフローチャートで整理が付くわけではない。そのような構造の一つの例として本章の最後に見ておきたいのは、スーザン・ハークが『証拠と探究』[17] で提唱し展開させた基礎付け整合主義（foundherentism）である。

　　重要な点は、経験的正当化理論として考えられたとき、基礎づけ主義と整合主義が選択肢を使い尽くしていないということである。（中略）基礎づけ主義は一方向性を要求するが整合主義は要求しない。整合主義は正当化がもっぱら信念間の関係だけの問題であることを要求するが基礎づけ主義はそれを要求しない[18]。

ハークは、基礎づけ主義と整合主義は相補的な対立関係になく、両者のあいだには論理的なスペースがあると主張する。ハークの整理によれば、基礎づけ主義と整合主義は証拠の連鎖の構造だけでなく、何を証拠として認めるかという点でも相違する。

　すでに見たように、基礎づけ主義が証拠の循環を認めないのに対して整合主義は循環を認める。しかし両者はこの点で対立するだけでなく、整合主義が認識的正当化の問題を信念相互の関係だけに限定するのに対して、基礎づけ主義はそのような限定をせず、たとえば信念以前の知覚的入力を証拠として認めようとする。

　この点についてのハークの主張には少し注意が必要だろう。基礎付け主義は直接把握などによる信念にそれ以上の正当化を必要としない基盤的な地位を与えるが、基盤的信念も定義上ある種の信念である。だからこそセラーズのジレンマや斑入りの雌鶏問題が発生する。したがってハークが基礎付け主義が信念

---

17)　Haack (2009).
18)　Ibid., p. 57.

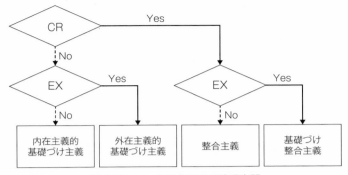

図6.2 ハークが主張する論理空間

以外の入力を認めると言うとき、それは基盤的信念が世界との何らかの法則的な関係（因果関係を含む）によって正当化されることを認めるような、外在主義的な基礎づけ主義が考えられている[19]。

　このように信念以外の外在主義的な正当化要素を容認する基礎付け主義を考えると、内在主義的な整合主義とのあいだに二つの対立軸が出現する。

　　CR　証拠となる信念のあいだに循環を認めるかどうか。
　　EX　信念以外の正当化要素、つまり外在主義的な正当化を認めるかどうか。

この結果、次の四つの選択肢が現れる（図6.2を参照）。

　1. 循環を認めず、信念以外の正当化要素を認めない。
　2. 循環を認めず、信念以外の正当化要素を認める。
　3. 循環を認め、信念以外の正当化要素を認めない。
　4. 循環を認め、信念以外の正当化要素を認める。

1は内在主義的基礎づけ主義、2は外在主義的基礎づけ主義、そして3は整合主義である。ハークが注目するのは、4のオプションである。これは循環を認

19）　ハークの言葉としては "extrinsic foundationalism" という表現が見られる。Cf. Ibid., p. 53.

める点で整合主義に似ているが、信念以外の正当化要素も認める点で一種の外
在主義である。たとえば外界からの感覚を通した入力を正当化に関係する特別
な要素として認めるが、しかし基礎づけ主義とは異なり、それが単独で基盤的
な地位を獲得することは認めない。知覚からの入力であっても何らかの他の信
念によるサポートを必要とする。ハークはこれを基礎づけ整合主義と呼び、以
下の二つの条件で規定する[20]。

1. 主体の経験はその経験的信念の正当化に適切に関連する。しかし、他の
   信念の支持から独立して、ただ感覚の支持だけによって正当化される経
   験的信念という特権的なクラスがある必要はない。
2. 正当化は一方向だけでなく、広く行き渡る相互扶助の関係を含む。

この規定から読み取れるように、基礎づけ整合主義の基本的なアイデアは二つ
ある。一つは経験を重視すること、そしてもう一つは整合性を重視することで
ある。

　言い換えれば、基礎づけ整合主義は基本的に整合主義をとりながら、その中
に感覚知覚からの経験的入力のような特別な証拠を認めようとする。ただしそ
の特別な証拠は、基礎づけ主義における基盤的信念のような特権的なものでは
ない。どんなに基盤的に見える信念であっても、単独では正当化されず他のい
くつかの信念のサポートを必要とする。

　このような相互扶助は整合主義が典型的に主張するものだが、その際には相
互扶助が循環を招くことが問題になった。ハークは、相互扶助が必ずしも循環
を生まないこと、あるいは生むとしても悪い循環でないことをクロスワードパ
ズルを例にして説明する[21]。

　図 6.3 を見ていただきたい。このパズルでヨコ 1 が「青森」であることは、
タテ 1 が「アイアイ」であること、タテ 2 が「丘」であること、そしてタテ 3
が「リア王」であることに依存している。そしてタテ 1 が「アイアイ」である
ことは、ヨコ 1 が「青森」、ヨコ 4 が「イカ」、ヨコ 6 が「言いよう」であるこ

---

20)　Haack (2009, pp. 57-58).
21)　Ibid., p. 131.

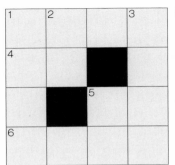

ヨコのカギ
1. 東北の県名
4. 十本足
5. 木星の衛星
6. ものは○○○○

タテのカギ
1. おサルさんだよ〜
2. 小高い土地
3. 四大悲劇
5. 旧国名

図6.3 クロスワードパズル

とに依存している。これらはどれもこの時点で決定的でないので、相互に扶助する関係にある。しかしこの相互扶助がぐるぐる回っていつまでも止まらないことはない。その意味でここに取り立てて悪い循環は生じていないように思われる。

　しかし、可能性としては、正解がいくつもあるようなクロスワードパズルがあるかもしれない。極端な場合、百万かける百万といった広大なマス目を何のヒントもなく自由に埋めよというパズルがあったならば、膨大な数の「正解」があり、当然そこに選択問題[22]が発生するだろう。

　クロスワードパズルが整合主義のモデルと異なるのは、カギと呼ばれるヒントの存在である。マス目を埋める言葉を決定するためには、マス目を埋める言葉同士の整合性だけでなく、それぞれの言葉がカギに対応していなければならない。したがってこのゲームは次のように進む。再び図6.3を例に取ろう。

1. ヨコ1は東北地方の県名なので、アオモリ、アキタ、イワテ、ヤマガタ、ミヤギ、フクシマのどれかである。
2. マス目を見るとヨコ1は4文字なので、アオモリ、ヤマガタ、フクシマに絞られる。
3. タテ1のヒントに対応するのは、おそらくアイアイである。

22)　本書128ページを参照。

4.　よって、ヨコ1はおそらくアオモリである。

5.　（以下省略）

このようにマス目に入る言葉は、あらかじめカギによってかなり限定される。そのように限定された言葉の中での整合性を探すことによって、選択問題に悩まされることなく正解を見つけることができる。

　ところで、このようなカギを認める点で、これは一種の基礎づけ主義なのではないかという反論があるかもしれない。これについてハーク自身は、マスに入る言葉がカギに対応しているかどうかによって部分的に正当化されるということと、それ自体で正当化されるような特定の基盤的信念の集合を認めることとは違うと答えている。

　言葉を補えば次のように言えるだろう。いま、マス目の中に出現する言葉は信念であり、それ以外は信念でないと考えよう。つまりカギは信念でない。信念でないが信念のヒントである。このヒントは膨大な信念の集合の中から正解の候補となるものを絞る働きをする。あくまでも正解の候補であって正解ではない。したがって、カギは基盤的信念を与えるものではない。このようにして絞られた信念の集合の中で、今度は整合性が検討され、その結果として正解が導かれる。

　私たちの実際の認知活動でも、このカギに相当する経験からの入力があり、それが信念集合に対する何らかの刺激となって集合内に変化が生じ、そのように変化した信念同士の整合性が検討されることによってさらにその集合が変化して、最終的に一つの信念へと集約するということが起こっているのかもしれない。セラーズのジレンマが指摘するとおり物理的な刺激が信念内容に変身することは考えにくいが、物理的な刺激が信念内容に何らかの変化をもたらすことは考えてもよいだろう。その意味では基礎付け整合主義は私たちの認知活動を説明するよいモデルを与えるかもしれない。

　しかしいずれにしても私たちはそのような働きに対して特権アクセスをもっていないので、このような仮説の検討は肘掛け椅子に座ったままでなくしかるべき実験室で行われるべきであろう。

　ハークの理論は、これ以外にも証拠についての独自の主張と詳細な分析を含

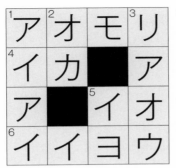

ヨコのカギ
1. 東北の県名
4. 十本足
5. 木星の衛星
6. ものは○○○○

タテのカギ
1. おサルさんだよ〜
2. 小高い土地
3. 四大悲劇
5. 旧国名

図6.4 クロスワードパズルの解答

んでいるが、紙幅の都合もありここでそれの詳細に立ち入る余裕がない。ただ私たちの現在の関心から、ハークが提示した構造の意味について簡単な考察を加えておきたい。

すでに見たように、証拠の構造についての問題の中心には証拠の連鎖を正当化の伝達の観点から見るのかそれとも正当化の発生の観点から見るのかという違いがあった。基礎づけ主義は伝達を、整合主義と無限主義は発生を重視する。この観点から見て、基礎づけ整合主義はやはり伝達と発生の両方を重視しているように見える。経験からの非信念的入力との整合性が正当化を生むのは、経験からの入力が独立の認識的な価値をもっていて、それが信念へと伝達されると考えられるからだろう。他方で、どんな特権的な信念のグループも認めず、あらゆる信念が平等に相互にサポートし合うことで正当化されると主張するのは、そのようなサポートによって新たに正当化が発生すると考えるからだろう。

基礎付け整合主義がユニークなのは、経験からの非信念的入力に十分ではないが何らかの正当さを生む働きを認めている点である。対照的に、純粋な整合主義は認識的な正当化をいわばゼロから整合性だけによって発生させなければならない。これがかなり疑わしいことは、無限主義を検討したときに指摘した。ゼロはいくら関係づけてもゼロだと言いたい。

しかし、基礎付け整合主義はゼロから出発しない。感覚経験をヒントとして生まれた信念集合は、十分ではないがある程度の正当さをもつ。そのような集合同士が整合性をもち、ある信念が他の信念のサポートを得ることで正当化を

増幅させる。

　そして、この増幅は実際にありうるように思われる。たとえば次の二つの信念は相互に扶助する。

1.　すべての人間には寿命がある。
2.　この人には寿命がある。

1 は一般的な命題であり 2 は個別的な命題である。2 を積み重ねれば 1 が正当化されるので、1 は 2 に基づくように思われる。逆に 1 は 2 を主張する根拠でありうる。1 を個別的な事例に適用することで 2 が正当化されるからである。ではどちらが理由ないし根拠なのか。チザムは『基準の問題』[23] の中で 1 を重視するのを方法主義、2 を重視するのを個別主義と呼んだが、いずれにしてもどちらか一方だけでは十分に正当化されないが二つを合わせるときその正当化は増幅しているように思われる。

　現代の論争の中で、基礎づけ整合主義は、一種の弱い不純な基礎づけ主義やすべての信念が完全に平等でないタイプの整合主義に分類されることが多いが、このように正当化の発生と伝達という観点から見るとそのラベルはどうであれ一つの独立した可能性を開く理論であるように思われる。

---

23)　Chisholm (1973).

第 7 章

文脈主義というムーヴメント——現代認識論の新展開

7.1　現代によみがえった文脈主義

　将来、現代認識論の歴史が書かれたならば、20 世紀末に出現した文脈主義はけっして外すことができないムーヴメントであろう。

　文脈主義（contextualism）自体はそれほど新しいものでなく、あらゆることがそのときの文脈で決まるという考えは、相対主義などとともに反知性主義の代表であった。哲学だけでなくおよそ学問的な探究は、会話の文脈に依存する要素でなく、どんな文脈でも普遍的に成り立つ側面にこそ注目すべきであり、そうでないものは学問の対象でないと考えられてきた。

　知識を対象とする認識論でも、文脈に依存せず普遍的に成立する知識の本性を探究するのがその目的であり、そうでない部分は認識論の対象でないと考えられてきた。

　いや、もう少し穏やかな言い方をすると、知識が文脈に依存する部分があってもいいが、もし依存するなら、文脈がどのようなメカニズムで、たとえば知識に必要な証拠のレベルに影響するのかを解明することが求められ、その場合には文脈主義は独特のしかたで基盤的信念を定める一種の基礎付け主義としてその場所を与えられるが、もし文脈が影響するしかたについて何も語らないならば、文脈主義はたんなる一種の相対主義として学問的対象から外れると考えられてきた。

　しかし、20 世紀の末ごろに突如として、キース・デローズ[1]、ジョン・ホーソーン[2]、ジェイソン・スタンリー[3]といった研究者たちのせいで、この文脈

主義が認識論の表舞台に躍り出て、おびただしい論文が発表され華々しい論戦が繰り広げられた。

　この現代の新しい文脈主義論争は、今なお流動的で熱い議論が行われている領域であり、ここでこのムーヴメントを総括して最終的な評価を下すことはできないし、まだその時期でない。しかし一つだけ言えるのは、この文脈主義のムーヴメントのおかげで、ゲティア問題に始まる現代認識論が会話における実践的文脈を重視する方向へ大きくシフトしたということである。

　とくに私たちにとって重要なことは、次の第8章で見る徳認識論が、この文脈主義と共鳴する部分をもつという点である。そこで徳認識論に入る前に、ゲティア問題から信頼性主義を経て証拠主義まで辿ってきたこれまでの道筋を少し離れ、現代認識論におけるこの新しい問題領域に踏み入ってみよう。

7.2　帰属者文脈主義とは何か

　5ページで見た、パン屋を気にする人の事例を思い出そう。

「あのパン屋、今日は開いているかな」
「開いてますよ」
「本当だな。本当に固くそう信じてそう言っているんだな」
「いったいどうしたんですか。センパイ」

　このセンパイはそのパン屋の看板娘に今から告白しに行こうとしている。けっこう手の込んだ演出も考えている。だからパン屋が開いているかどうかは彼にとって非常に重要な問題である。この後会話は次のように進んだ。

「とにかく重要なことなんだ。今日あのパン屋が開いていることを君は知

1)　DeRose (1995), DeRose(2009), DeRose (2017).
2)　Hawthorne (2003).
3)　Stanley (2005).

っているんだな」
「知ってます。だって、あそこの商店街の定休日は日曜日ですから」

このとき「開いてますよ」と答えた後輩くんがもっていた証拠は、通常の状況で「後輩は今日そのパン屋が開いていることを知っている」と言えるのに十分な証拠だとしよう。この場合、後輩くんはそのパン屋がある商店街の定休日が日曜日であることの十分な証拠をもっていたし、この会話があったのは水曜日で、彼はそのことをはっきりと意識していたとしよう。実際、特別な事情が働かないかぎりこの程度の証拠で十分だろう。

しかしこのセンパイの目から見て、それは「知っている」と言えるほど十分な証拠でなかった。商店街の定休日が日曜日であることは、そのパン屋が日曜日に閉まっていることの十分な理由であるだろうが、今日そのパン屋が閉まっていないことを少なくとも保証はしない。出かけてみると店先に「臨時休業」という張り紙がしていないともかぎらない。「今朝そのパン屋の前を通ったら営業していた」とか「先ほどそのパン屋でサンドイッチを買ってきたばかりだ」のようなもっと直接的で確実な証拠がほしい。したがってこのセンパイの目から見て、後輩くんは今日そのパン屋が開いていることを知っているとは言えない。

以上のような例は、日常的にありうる状況だと思われる。通常の文脈では「知っている」と言っていいことが、特殊な厳しい文脈では「知っている」と言えなくなるような状況は日常生活の中にあふれている[4]。

しかしこのとき、正確に何が起こっているのだろうか。「後輩は今日そのパン屋が開いていることを知っている」という同一の命題が常識的な文脈では真であり、センパイの厳しい文脈では偽であるように見える。どうしてこのようなことが起こるのか。

標準的な文脈主義はこの問いに対して以下のように答える[5]。

---

[4]　これまでに見た例の中でも 65 ページの【ドライブ中のヘンリー】の事例などは似た事例である。

[5]　現代認識論における文脈主義の議論は、デイヴィッド・カプランによる指標詞の理論を踏まえて行われることが多いが、どの程度その枠組みや用語を厳密に用いるかは研究者によって違いが

「S は P を知っている」という文の内容は、この文を発話する人の文脈に応じて変化する。つまり S と P が同一でも、違う文脈にいる人がこの文を語るならば、その内容は異なりうる。なぜなら「知っている」という言葉は、それを用いる人が置かれている文脈を反映してその内容（とくにその基準）が変化するからである。先の例の場合「後輩はそのパン屋が開いていることを知っている」という文は日常的な文脈にいる後輩の文脈で真だが、切羽詰まったセンパイの文脈では偽である。それはセンパイと後輩の置かれている文脈が異なるので、それを反映してそれぞれの「知っている」の内容が異なるからである。

　ここで「文を発話する人」「それを用いる人」と言われた人は、ある主体に知識を帰属させたりさせなかったりする立場にいる人という意味で「帰属者」（attributor または ascriber）と呼ばれる。そして帰属者の文脈を重視するために、このタイプの文脈主義は「帰属者文脈主義」と呼ばれる。

　これに対して「S は P を知っている」という文における S を「主体」（subject）と呼ぶ。あとで見るように[6]、帰属者文脈主義に反対して主体の文脈を重視する立場があるが、それは「主体に鋭敏な不変主義」と呼ばれる[7]。

　「帰属者」や「主体」といった言葉の意味は文脈主義をめぐる論争においてきわめて重要だが、紛らわしいので最初の段階でクリアにしておこう（図7.1）。

　主体の文脈を重視するのに「主体文脈主義」と呼ばない理由は、149ページの注5で注意した厳密な用法で「文脈」という言葉が用いられたとき、それは問題となっている文それ自体の中に登場しない要素、とくにこの場合は帰属者の文脈を指すからである。ある文が主体の文脈を反映して帰属者の文脈を反映しないとき、その文はどんな帰属者が発話したり用いたりしても内容が変化し

　　ある。本書でも後の7.8.2節でこの点に触れるが、その他の箇所では、入門書という性格上「文脈」「意味」「内容」などの用語をとくに断らないかぎり日常的で一般的な意味で用いる。

6)　本書7.7節以降の議論を参照。

7)　この立場の代表的著作は、Hawthorne (2003) および Stanley (2005) である。ホーソーンは自分の立場を「鋭敏で穏健な不変主義」（sensitive-moderate invariantism）と呼び、スタンリーは自分の立場を「関心に相対的な不変主義」（interest-relative invariantism）と呼ぶ。「主体に鋭敏な不変主義」（subject-sensitive invariantism）はデローズがこれら二つを総称する呼び名である。

図 7.1　帰属者

ないことになるので、そのかぎりで、それは不変主義と言われる。

　現代認識論は一般に、現代分析哲学の他の分野との結びつきが強いが、とくにこの文脈主義をめぐる論争は、語用論などの言語哲学の諸分野と密接に関連する。本書のレベルを超えてもう少し深く勉強してみたい読者には、そのような分野にも目を向けてみることをお勧めする[8]。

7.2.1　宝くじのパラドクス

　センパイのリスキーな文脈は知識の基準を上げるように働くが、基準を上下させるのはリスクだけではない。チャンスの場合でも知識の基準は上下する場合がある。以下に示すのはこの論争の中で有名な事例で、宝くじ問題あるいは宝くじのパラドクスと呼ばれている。

宝くじ (1)

「宝くじを買った。宝くじって夢があっていいよなあ」

「私はそれがハズレであることを知っている」

「なぜだ！」

「それは非常に高い確率でハズレだからだ」

---

[8]　たとえば定評があるものとして飯田 (1995) の第 7 章、さらに野本 (1988) の第 5 章などを参照されたい。

「なんだと！」

　たしかに宝くじが当たる確率は非常に低い。しかしだからといって、実際に抽選が行われる前に「私はこの宝くじが外れることを知っている」と言う人がいたら、それは変な人である。

　しかしこれを次の例と比べてみよう。

―― 宝くじ（2）――――――――――――――――――――――――

「私はこの宝くじがハズレだと知っている」
「どうして？」
「新聞で当選番号を見たのだ」
「宝くじが当たることに賭けたのだから、今度は新聞記事が誤植であることに賭けたらどうだい？」
「なんだと！」

　この場合は「宝くじがハズレだと知っている」と言う人が正しくて誤植の可能性を言う人は間違っているように思われる。

　しかしなぜ、宝くじが当たる確率を無視するのはおかしくて、誤植の確率を無視することはおかしくないのか。なぜ「私はその宝くじが外れていることを知っている」という同じ主張が、当選発表前には（当たる確率を無視できないので）偽で、当選発表後には（誤植の確率を無視して）真であるように思われるのか。

　文脈主義はこれを次のように説明する。宝くじを買う人は、それが当たる確率がゼロでないことに意識が向いている。それゆえハズレの確率がゼロでないという事実がその文脈で顕著になる。さらに確率のような客観的事実に目が向く場合、私たちは偽である可能性に敏感になる。それで偽である可能性がある P に対して「P を知っている」と言うことをためらう。したがって「その宝くじがハズレであることを知っている」という文に私たちは同意しない。

これに対して新聞発表で宝くじの当選番号を知る場合は、情報源としての新聞記事に意識が向いているので、その文脈で誤植の可能性は顕著でない。そのとき私たちはエラーの可能性に敏感でない。したがってその新聞記事に基づいて「その宝くじがハズレであることを知っている」と言うことに、私たちは違和感を覚えない。

7.3　文脈主義が懐疑論を解決する？

7.3.1　懐疑論を作ってみよう

文脈主義は現在それ自体興味深い研究対象として認識論や意味論の分野で盛んに論じられているが、これが認識論の中で脚光を浴びるようになったのは、文脈主義がある種の哲学的な懐疑論をうまく説明するように見えたからである[9]。

以下にその議論を見ることにしよう。まず対象となる懐疑論を作ってみる。26 ページで見た認識的閉包原理を思い出そう。この原理を認めるとき、S が「p ならば q」であることを知っているという条件のもとで、

S が p を知っているならば、S は q を知っている。

が成立する。この対偶は、

S が q を知っているのでないならば、S は p を知っているのでない[10]。

である。

---

[9]　DeRose (1995).

[10]　日本語の「知らない」は叙実的な動詞である。「S は p であることを知らない」は「p である」を含意する。英語の "not knowing" にはこれほど強い叙実的な含意はない。だから "not knowing" を正確に訳すには、「知っているのでない」「知っていると言えない」などの表現を使う必要があるが、常にこの表現を使うのはやや煩わしいので、以下の記述では「知っていない」「知らない」という表現も用いる。特別に断らないかぎり、これらはたんに叙実的な含意のない「知っている」の否定（つまり "not knowing"）だと理解していただきたい。

　たとえば先ほどのパン屋の事例だと、センパイは「そのパン屋が今日開いているならば、そのパン屋は今日臨時休業でない」という条件文が真であると知っているので、「そのパン屋が今日開いている」ことを知っているならば「そのパン屋が今日臨時休業でない」ことも知っているはずである。そうするとこの対偶、つまり「そのパン屋が今日臨時休業でない」ことを知っていないならば「そのパン屋が今日開いている」ことも知っていないことになる。

　この論法を使って簡単に懐疑論を作ることができる。たとえば 90 ページの新悪霊問題で見たような「自分の内面が悪霊や科学者に操作されていて、あたかも実際の世界を見ているような幻覚を見せられているが、本当の自分は培養槽の中に浮かぶ哀れな脳にすぎない」という想定を h としよう。

　当然、任意の認識主体 S にとって「S に手がある」ことは h でないことを含意する。すなわち、

　S に手があるならば h でない。

は真である。すると、S がこの含意関係を知っているならば、すなわち、

　S が「S に手があるならば h でない」を知っている。

が真であるならば、認識的閉包原理によって、

　S が「S に手がある」と知っているならば、S は h でないことを知っている。

も真である。この対偶は、

　S が h でないことを知っていないならば、S は「S に手がある」と知っていない。

である。そうすると、これを使って以下の推論が成り立つ。

---

1. S は h でないことを知っていない。
2. S が h でないことを知っていないならば、S は「S に手がある」と知っていない。
3. ゆえに S は「S に手がある」と知っていない。

　この推論は妥当であり、1と2は真なので3もまた真である。そして S は任意の認識主体なので、これは「自分に手がある」ということを、どんな人も知っていないことを証明している。また「自分に手がある」の部分も懐疑論的想定と両立しない任意の命題と入れ替えてよいので、同様の推論によって日常的に当然と認められているかなりの知識が否定され、私たちはほとんどまったく何も知っていないという大域的な懐疑論が成り立つ。

　これはたいへんなことだ。哲学を勉強しているとこういうたいへんなことにしばしば遭遇する。しかしちょっと待ってほしい。懐疑論に服従するのでないかぎり、この議論は一種のパラドクスである。私たちは明らかに、日常的に当然のことと認められている多くのことを知っている。それなのに懐疑論者の議論を追っていくと、そのような知識がすべて否定される。

　これはちょうど、明らかに人間はカメを追い越すことができるのに、ゼノンの言うことを一つ一つ追っていけば、アキレスであってもカメを追い越せないという結論が出てしまうというのに似ている。問題はどうやったらカメを追い越せるかではなく、なぜそのようなおかしな結論が出てしまうのかを理解することである[11]。

7.3.2　解決策1——ルイスの受け入れ規則

　このタイプの懐疑論にはいくつかの批判がある。ここでは D・ルイスの解決策と関連代替理論（relevant alternatives）と呼ばれる一群の案による解決策、そして前に 68 ページで見た R・ノージックの追跡理論による解決策を概観し、その後に本章の主題である文脈主義による説明を見ることにしよう[12]。

---

11)　もちろんこのような解釈は反懐疑論の立場からのものである。腹の据わった懐疑論者はどうかどうしたらカメを追い越せるかを考えていただきたい。

　D・ルイスは「捉えどころのない知識」という論文で、以下のような知識の定義を与えている[13]。

――― ルイスの定義 ―――

　S が P を知っているのは、S がもっている証拠が ¬P であるすべての可能性を除外するときであり、かつそのときに限る。ただし私たちが適切に無視できる可能性を除いて。

　いま重要なのは、この但し書きの部分「ただし、私たちが適切に無視できる可能性を除いて」である。この条件があることによってルイスの定義は一種の文脈主義である。

　じっさいこの論文でルイスは、どのような場合に私たちが ¬P である可能性を無視できるかについて、七つの規則[14]を提案している。

　デローズによれば、いま問題としている懐疑論に対処できるルイスの規則は、別の論文「言語ゲームでスコアをつける」[15] で用いられた「受け入れ規則」（Rule of Accommodation）である。この規則は、典型的には会話において、相手が言うことがなるべく真となる（あるいは受け入れ可能となる）ように基準が上がったり下がったりすることを指す。

　たとえば私がだれかと話をしていて、その人が「この道はでこぼこしている」と言えば、私はその発言が真となるように「でこぼこしている」という言葉の基準を調整する。多分その人はいつもきれいに舗装されているアスファルトの道路を走り慣れていて、所々に穴があるような道に不満があるんだろうと

---

12)　以下、本章の記述の大部分は、DeRose (1995) および DeRose (2017) に基づく。なおここでデローズは懐疑論への対応の違いからルイスの理論と関連代替理論を分けて論じるが、一般的にルイスの理論は関連代替理論の一種だと理解されている。この点が気になる読者は DeRose (1995)、7 ページの注 9 を参照のこと。

13)　"S knows that P iff S's evidence eliminates everypossibility in which not-P – Psst! -- except for those possibilitiesthat we are properly ignoring" (Lewis 1996, p. 554).

14)　具体的には、現実性規則、信念規則、類似規則、信頼性規則、方法規則、保守規則、注意規則である。

15)　Lewis (1979).

考える。

　この「受け入れ規則」は、先の懐疑論が成り立つ仕組みを次のように説明する。懐疑論者が「Sは、hでないことを知っていない」と言ったとき、聞き手はその発言が真となるように基準を引き上げる。本書の読者ならデカルトの悪霊や夢の想定をすることはそれほど難しくないだろう。あるいは映画『マトリックス』を見た人は、自分がリアルな仮想現実の中にいるという想定をするかもしれない。いずれにしても、その引き上げられた基準によって、聞き手は懐疑論者の発言を真と見なすことができ、結果として、hでないことと自分に手があることの両方についての知識が奪われる。

　この説明は、たしかに 155 ページの懐疑論が成り立つ仕組みを説明する。しかし問題は、これが h という懐疑論的想定がもつ役割をとくに説明しているわけではない点にある。つまりこのルイスの規則は 155 ページの推論の威力をピンポイントには説明していない。たとえば h のような想定をまったく持ち込まずに、ただ「あなたは、自分に手があることを知っていない」と主張するような問答無用の独断的懐疑論者がいても、やはり受け入れ規則が発動し、その発言がなんとか許容されるように基準が上昇するだろう[16]。

　さらにもう一つ受け入れ規則が懐疑論を十分に説明できないと思われる点は、懐疑論者が知識を否定するときだけでなく、独断論者が知識を肯定するときでも知識の基準が上がるように思われる点である。

　たとえばドレツキのペイントされたラバの例[17]で「あなたはその動物がシマウマであり、シマウマのようにペイントされたラバでないことを知っていない」という否定的な発言だけでなく、「私は、その動物がシマウマのようにペイントされたラバでなく本当にシマウマだと知っている」という発言によっても動物園でシマウマとシマウマのようにペイントされたラバを見分ける能力の基準は上昇するだろう。

　同様に、独断論者が「私は自分が悪霊に騙されたり夢を見ていたりせず正気で目覚めていて、自分に手があることを知っている」と語ったときにも、知識の基準は上昇しその発言を疑わしいと感じるが、この場合受け入れ規則は発

16)　Cf. DeRose (1995, p. 9).
17)　Dretske (1970).

動しないので、この基準の上昇を説明できない[18]。

7.3.3　解決策2——関連代替理論

　ルイスの理論は関連代替理論（relevant alternatives）と呼ばれる一群の理論の一つだが、デローズは関連代替理論全般に向けた批判も行っている[19]。65ページで見た【ドライブ中のヘンリー】の事例を思い出そう。田舎道をドライブしているヘンリーが、子供に言葉を教えるため、はっきり見えている小屋を指して「あれは小屋」と言う。しかしそのときヘンリーの車は、張りぼてでできた偽物の小屋がたくさんある地域に入っていた。このとき、その地域にあるたくさんの張りぼての小屋がどのような役割を果たしているかについて、ゴールドマンは次のように述べていた。

　　張りぼての存在が、ヘンリーが見ているものが張りぼてである可能性を作り出しているわけではない。かりにその地域に張りぼてが存在しなくても、その土地にある小屋が張りぼてである可能性はあっただろう。張りぼてが存在することが作り出しているのは、この可能性を関連するものにするということ、あるいはそれが関連すると私たちに考えさせるということである[20]。

野原に実際に存在する張りぼての小屋は、そこを走るヘンリーの知識を考える際に考慮すべき関連代替、すなわちたんに可能性がある代替物というだけでなく、当該の問題の判断に重要な要素として関連する代替物である。ヘンリーは実際に、張りぼての小屋を誤って本当の小屋と誤認したかもしれない。これに対して、たとえば、その草原から1,000km離れたところにある張りぼての小屋や、そこに過去に一つだけ存在して今はない張りぼての小屋は今の問題には関連しない。このように、知識はその状況で関連する他の代替物の集合の中で評価されるべきだというのが関連代替理論の主張である。

---

18)　Cf. DeRose (1995, pp. 11-13). このデローズの批判に対するルイス側の反論とそれに対するデローズの再反論についてはこの参照論文の12ページ注16を参照。
19)　Cf. DeRose (1995, pp. 13-17).
20)　Goldman (1976, p. 775).

　この理論によれば、いま問題としている懐疑論は次のように成立する。「h でないことを知っていない」という懐疑論者の発言によって h という可能性が関連する代替となる。私たちは h を正面から否定することができないので「h でないことを知っていない」ということを受け入れざるをえない。他方、日常的な文脈で h は関連する代替でない。したがって「自分に手があることを知っている」は真であり、これが、155 ページの懐疑論的推論の結論とぶつかってしまう。

　デローズはこのような解決策に対して以下のような批判を行う。それは文脈に応じて知識の基準が上下する仕組みについてほとんど何も説明しない。なぜマトリックス的想定は関連するのか。それを排除できないから、そうでないとは言い切れないから、そうであってもそうだとわからないから、などと理由を挙げても、なぜそれが関連するかの理解が深まったとは思えない。私たちは日常においてマトリックス的想定を関連するとは思わず、常識的に排除できると無意識のうちに思っているとすれば、ますますそれを排除できないなどの理由は、理由でなく結論であるように思われる。だとすればそのような説明は明白な論点先取である。

　懐疑論をうまく処理するためには、懐疑論的想定が無視できないと言うだけでなく、なぜそれを無視できないかを論点先取でないかたちで説明する必要があるだろう。

7.3.4　解決策3——追跡理論による閉包の否定

　以前に 68 ページで見たノージックの追跡理論は知識の定義を与えることによってこの懐疑論を説明しようとする。71 ページで見た定義をもう一度確認しよう。

S が P を知っている
$\iff$ 1.　P が真である。
　　　2.　S が P と信じている.
　　　3.　もし P でなかったならば、S は P と信じなかったであろう。
　　　4.　もし P であったならば、S は P と信じたであろう。

3と4の条件は英語では接続法で書かれていて、現実世界でなく近傍の可能世界を記述する条件である。そのためこのタイプの理論を接続法条件文による説明と呼ぶことがある。

　実際の追跡理論は、74ページで見たように、方法に相対化されたもう少し複雑なものだが、この理論は文脈主義のさまざまな事例をよく説明する。

　たとえば宝くじの事例では「私は買った宝くじが外れることを知っている」という同一の発言が、当選発表前は偽なのに当選発表後は真となる。追跡理論を用いてこれを分析すると以下のようになる（それぞれ $x.3, x.4$ は上の定義の条件 3, 4 に対応する）。

1.　当選発表前、私は買った宝くじが外れることを知っている。
　　1.3.　当選発表前、もし買った宝くじが外れることが偽だったならば「私は買った宝くじが外れる」と信じなかっただろう。
　　1.4.　当選発表前、もし買った宝くじが外れることが真だったならば「私は買った宝くじが外れる」と信じただろう。

この場合、1.3は辛うじて成立する[21]が、1.4が成立しない[22]ので、1は偽である。他方、

2.　当選発表後、私は買った宝くじが外れたことを知っている。
　　2.3.　当選発表後、もし買った宝くじが外れたことが偽だったならば「私は買った宝くじが外れた」と信じなかっただろう。
　　2.4.　当選発表後、もし買った宝くじが外れたことが真だったならば「私は買った宝くじが外れた」と信じただろう。

こちらの方は、2.3と2.4はどちらも成り立つ[23]ので2は真である。このよう

---

21)　当たりくじを買った場合、それが外れるとは思わない。
22)　もし外れくじを買ったとしても、当選発表があるまで、それが外れだとは思わない。
23)　当選発表を見て自分が買った宝くじが当たっていたら、それが外れているとは思わないし（2.3）、外れたことがわかったのに誤植や誤報の可能性を思ってそれを信じないことも普通はありえない（2.4）。

に追跡理論は 1 と 2 の真偽が違う理由をうまく説明する。

　さて追跡理論は懐疑論を同じしかたで処理する。154 ページで見たように、懐疑論は次の 1 が 2 を含意することに注意を促す。

　1.　私は手があること。
　2.　私は培養槽中の脳でないこと。

そして認識的閉包原理を用いて、1 を知っていることは 2 を知っていることを含意すると述べる。最後に対偶を用いて、私たちは実際に 2 を知っていないので 1 もまた知っていないと結論する。

　しかし追跡理論は以下のように論じる。自分に手があるかないかについて私たちはたいへん敏感なので、現実世界のみならず近傍の可能世界を通してその事実を上手に追跡する。不幸にも手を失えば手を失ったと思うし、手がないのに手があると勘違いすることもない。それゆえ私たちは 1 を知っていると言ってよい。

　対照的に、自分が培養槽中の脳であるかどうかについて私たちはあまり敏感でない。仮想現実を現実と区別する能力を私たちはまだ発達させていないと言うべきだろうか。ともかくどこかの可能世界で私たちがコンピュータにつながれた哀れな脳だったとしても、自分がそうだとは気付かない。したがってノージックの定義によると、私たちは 2 を知っているとは言えない。

　このように追跡理論は認識的閉包原理を否定する。それゆえ、追跡理論が 155 ページの懐疑論に対して言うのは以下のことである。

「1 が 2 を含意する」を知っているということから、「1 を知っている」が「2 を知っている」を含意すると考えることが間違っている。それゆえこの対偶「2 を知っている」のでないこと から「1 を知っている」のでないことを導くのが間違いである。

7.3.5　追跡理論と懐疑論

追跡理論は一世を風靡した影響力のある理論であり、このあと 7.4 節で見る

デローズの理論も基本的にこの路線のエッセンスを継承する。しかしノージックが提案した理論そのままだと、いくつかの問題点がある[24]。

　まずノージック流の追跡理論は「Sはpを知っている」という命題の必要十分条件として提示されている。したがってこれは「知っている」の定義である。つまりノージックは、追跡要件が知識の本性に組み込まれていると理解する。

　そうすると、ノージックが定義する「知っている」を用いるなら「Sは、自分が培養槽中の脳でないことを知っていないのに自分に手があることを知っている」と言えることになる。これは「後輩くんはパン屋が臨時休業でないことを知っていないのに今日パン屋が開いていることを知っている」と言っているのと同じで明らかな違和感がある[25]。

　興味深いことに事態はもう少し複雑である。先の関連代替理論も含めて、認識的閉包原理を否定することをうたう理論は、じつは知識の集合において認識的閉包原理が成立しないと論じているのではなく、そもそも知識という集合が定まらないので認識的閉包原理を問題にすることすらできないと論じている。

　先に見たとおり、ノージックの追跡理論は知識の本性についての理論である。それゆえ「知っている」という言葉が使われるたびに、接続法的条件文の真偽を決める可能世界が選ばれる。関連代替理論でも、同じく知識が問題になる一つ一つのトークンごとに、関連代替の集合が変化しうる。しかしこれは「知っている」の意味が、それが使用されるたびに微妙に異なりうることを意味する。

　認識的閉包原理を用いた懐疑論の推論では次の二箇所に「知っている」が現れる。

　　Sが自分に手があることを知っているならば、Sはhでないことを知っている。

追跡理論や関連代替理論によれば、この二つの「知っている」の意味が同一である保証はない。

　しかし認識的閉包原理とは、Sの知識の集合がどのような性質をもつかを述

---

24)　Cf. DeRose (1995, pp. 17-29).
25)　デローズは、これを「忌まわしい連言」（abominable conjunction）と呼ぶ。

べる原理である。S の知識の集合 E が S に知られている含意のもとで閉じているという主張は、「p ならば q である」と p が E の要素なら q も E の要素であるという主張である。しかし「知っている」の意味がそれが使用されるたびに変わるなら、E という集合は一義的に定まらない。したがって S がもつ知識の集合 E は、そもそも閉包原理を問題にできるような安定した集合でないことになる。これは知識とは何かを問う認識論の視点からきわめて興味深い主張であるように思える。

7.4　懐疑論を取り扱う準備をする

　それではいよいよ真打ちに登場していただこう。デローズはこのタイプの懐疑論をどのように説明するだろうか。

　その説明には以下の二つのキーワードが出てくる。

1. 認識的立場の強さ（strength of epistemic position）
2. 鋭敏性の規則（the rule of sensitivity）

順番に説明しよう。

7.4.1　認識的立場の強さ

　認識的立場の強さとは、現に獲得している真の信念がどの程度安定したものかを示す指標である。つまり状況が少し変わればすぐに真でなくなるような不安定な立場は認識的立場が弱く、逆に多少の変化には影響されず真の信念を保持できるような立場は認識的立場が強いと言われる。

　可能世界を用いて言うならば、この指標は現実世界からどれほど離れた可能世界まで真の信念を保持できるかを示す。認識的立場が強いほど遠くの可能世界まで真の信念を保持する。逆に認識的立場が弱いと、すぐ近くの可能世界でも真の信念を失う[26]。

---

26)　図 7.2 を参照。@は現実世界を表し、そのまわりに多くの可能世界が配置されていると考える。このような理解のため最近では、認識的立場の強さは「様相的な強さ」（modal strength）と言わ

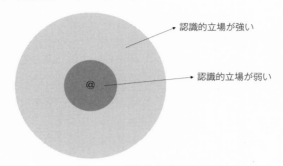

図 7.2　認識的立場の強さ

　それゆえ認識的立場の強さは比較概念であり「A は B より認識的立場が強い」というように使う。この場合 A において B におけるよりも安定して真の信念が成立する。

　たとえば英語のリスニングで「走っている地下鉄の中で会話を聞き取れるならテレビのアナウンサーの言うことは聞き取れる」というような場合、「走っている地下鉄の中で会話を聞いている」という状況よりも「テレビで話すアナウンサーを聞いている」という状態の方が認識的立場が強い。これは、走っている地下鉄の中ではちょっと状況が変わると聞き取れない場合があるが、テレビのアナウンサーであれば、多少状況が変わっても聞き取れないことはないという意味である。

　認識的立場の強さは環境だけでなく認識主体や命題についても適用できる。たとえば子供が P を知っているなら大人はなおさら P を知っていると言える場合、大人の方が認識的立場が強い。また「P がアジアで起こった」という命題は「P が日本で起こった」という命題よりも認識的立場が強い。前者の方が、現実世界と多少状況が変わっても引き続き真である可能性が高いからである。

7.4.2　鋭敏性の規則

　次に鋭敏性の規則だが、まず、ある信念について主体がその命題の真偽を敏感に察知することができる場合[27]、その信念は鋭敏（sensitive）であると言い、

れることがよくある。

27)　正確には追跡理論に即して「偽であるときに真だと信じない場合」と表現すべきだが、煩雑さ

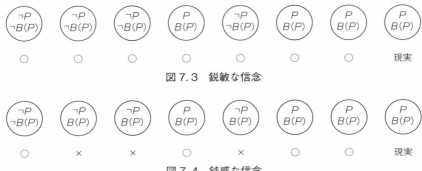

図7.3　鋭敏な信念

図7.4　鈍感な信念

逆に真偽を敏感に察知できない場合、その信念は鈍感（insensitive）であると言う（図7.3、図7.4）[28]。

　たとえば、「暖炉の前に座っている」「自分には手がある」などの信念は、日常的な文脈で判断すれば敏感である。暖炉から離れて外出すれば「暖炉の前に座っている」と信じることはないし、不幸な事故で自分の手を失えば「自分に手がある」とは信じないからである。他方「私は夢を見ているのではない」「私は培養槽中の脳でない」のような信念は、懐疑論的な文脈で鈍感だと見なされている。夢を見ているとしても自分は夢を見ていないと思うし、培養槽中の脳であっても、やはり、自分がそういう状況にないと思うからである[29]。

　可能世界を用いて言い換えれば、P についての鋭敏な信念とは $\neg P$ である世界の中で現実世界に一番近い世界、つまり最近接 $\neg P$ 世界まで追跡が及んでいるような信念である。「自分に手がある」という信念は、何かの事情で自分に手がないような世界のうちで現実世界に最も近いような世界[30]でなら「自分に手がある」と信じないだろうから鋭敏である。

を避けて以下このように表現する。

28)　どちらの図でも、右端の円が現実世界であり左に向かって可能世界が並んでいる。各世界の中にある P や $\neg P$ は事実を、$B(P)$ や $\neg B(P)$ は信念を表す。各世界の下にあるマルとバツは信念が事実と対応しているかしていないかを示す。

29)　もちろん、懐疑論的文脈で日常的な判断は鈍感だと想定され（手がなくても手があると思う）、日常的な文脈で懐疑論的な判断は鋭敏だと想定される（夢を見ていたら夢だと思う）。

30)　現実世界とほとんど違わないが、現実世界では辛うじて避けられた事故に遭って手を失ったような世界。最近接ということを考慮しないなら、自分が魚だったりヘビだったりする世界で自分に手がないとわかるかどうか微妙である。

　逆に「私はタンクの中の脳でない」という信念が鋭敏であるためには、この内容の否定、つまり、自分がタンクの中の脳であるようなはるかかなたの可能世界にまでこの追跡が及んでいなければならない。もちろん私たちはそのようなことに敏感でない。私が不幸な脳であるような世界でも、依然として私は「私はタンクの中の脳でない」と信じているだろうから。

　そしてデローズが提案するのは、基本的にノージックと同じこと、つまり、私たちが何かを知っていると言えるためには、その信念が鋭敏であることが必要だということである。これを鋭敏性の規則と呼ぶ。

【鋭敏性の規則】
　S が P を知っていると主張されるとき、必要であれば、少なくとも一つの $\neg P$ 世界を含むまでに認識的に関連する可能世界の範囲を拡張せよ。

別の言い方をすれば、最近接 $\neg P$ 世界にまで認識的な強さが及んでいることを知識の必要条件とするという規則である。

7.5　懐疑論の種明かし

　デローズは認識的立場の強さと鋭敏性の規則という二つの道具を用いて哲学的な懐疑論が成り立つメカニズムを以下のように説明する。

1.　まず、現実世界から遠く離れた可能世界の中に懐疑論が想定するような状態を見つける（たとえば「私はタンクの中の脳である」）。この状態は現実世界に近い世界では偽なので、この懐疑論的想定が偽だという信念（「私はタンクの中の脳でない」という信念）の認識的立場は強い[31]。

2.　次に日常的な信念を取り上げる（たとえば「私には手がある」）。この信念は真偽を鋭敏に見分けるので、その鋭敏性のために認識的な立場が強い。

3.　懐疑論的想定が偽であること（私はタンクの中の脳でないこと）を知ってい

---

31)　この強さが鋭敏性のせいでないことに注意。この信念が真である範囲が広いのは、もっぱらそれが偽になる可能世界が現実世界から遠く離れているという形而上学的な事情による。

るかどうかを問題にする。

4. この問題提起によって鋭敏性の規則が発動し、関連する可能世界の範囲
　がその懐疑論的想定が真である可能世界（自分がタンクの中の脳であるよう
　な世界）にまで拡張する。

5. この拡張によって懐疑論的想定についての知が否定される。

6. それに巻き込まれるかたちで同程度の認識的立場の強さをもつ日常的な
　知が否定される。

　ポイントは「私はタンクの中の脳でない」というような懐疑的信念と「私に
は手がある」というような日常的信念が、まったく異なる理由でどちらも強い
認識的立場をもつという点である。

　前者の信念は、それが偽となる可能世界が現実世界から遠く隔たっているとい
う理由で、たまたま、鈍感であるにもかかわらず広い範囲の可能世界で真で
ある。他方、後者の日常的な信念は、普通に鋭敏であるために、同じく広い範
囲の可能世界で真である。

　しかし日常的な信念といえども、懐疑的信念がぐらつくような遠い世界では
鋭敏性を失ってしまう。それゆえそのような遠い可能世界では日常的な知識も
否定される。デローズの解釈によれば懐疑論が主張するのはこのようなことで
ある。

7.6　鈍感なのに認識的立場が強い信念

　哲学的懐疑論が成り立つ鍵は、生き残っている鈍感な信念を見つけることで
ある。鈍感な信念とは事実上偽であっても偽と思わないような信念なので、通
常は淘汰される。雨が降っているのに晴れていると思うような認知システムは
役に立たないので強い生物に装備されないのと同じである。

　しかしまれに、そのような淘汰をくぐり抜けて生き残った鈍感な信念がある。
「私はタンクの中の脳でない」というような信念である。かりに自分がタンク
の中の脳だったとしても、それに敏感に反応して「私はタンクの中の脳だ」と
は思わない。それにもかかわらず私たちの認知システムの中にこのような信念

が生き残っているのは、現実問題としてそんなことはどうでもいいからである。

　もう少し優しい言い方をすると、その信念が役に立つかどうかを判別するために、あまりに遠い可能性を問題にする必要があるので、それが役に立たないという判定が下らないままに今に至っているからである。じっさい、その真偽を問題にするためには「私がかりにタンクの中の脳であったならば」という想定をする必要があるが、通常私たちはそのようなことに対応するような直観を備えていない。

　もし私が今日オフィスでなくプールに行ってプールに浮かぶ人間だったなら、と考えることはできても、もし自分がタンクの中に浮かぶ脳だったならと考えても何もわからない。しかしこのわからなさは、あまりに現実離れしているので無害である。そういうことがわからなくてもとくに問題はない。だから真剣にそれが問題にされることもなく、人類は長い年月を生きてきた。

　懐疑論はそこを攻撃する。自分が培養槽中の脳でないかどうかは重要な問題だ。なぜなら、もしそのような脳であったならば、私に手がないことになるではないか。もし自分がタンクの中の脳でないことを知らないなら、自分に見えている世界が実際にあるかどうかも知らないことになるではないか。懐疑論的想定に決着を付けられなければ、私は自分が何であるかがわからず、世界の中に自分がいるのか自分の中に世界が造られているのかすらわからないではないか。

　そんなことはどうでもいいと無視してきたのも、認識的閉包原理を大切にしてきたのも、私たちに備わる認知システムである。この同じ認知システムに備わる小さなバグが哲学的懐疑論を生み出したのかもしれない。

7.7　不変主義——デローズへの反論

7.7.1　本当に懐疑論のパワーを説明しているか

　デローズの理論は、知識を帰属させる人の文脈に応じて知識や正当化に要求される基準が変化すると主張する点で、帰属者文脈主義（Attributor Contextualism）[32]と呼ばれている。

　帰属者文脈主義は、同一文脈内での認識的閉包原理を守りながら、日常的な

知識と懐疑論のどちらか一方を全否定することなく、両方の主張を文脈の違いという観点で吸収する。

　しかしこの見かけ上の平和的な解決は、本当に懐疑論という哲学的な問題を正しく位置づけているだろうか。日常的文脈からすると、懐疑論がその懐疑的な文脈において正しいことを認めることを意味するが、これは懐疑論に譲歩しすぎではないだろうか。あるいは懐疑論の立場から言うと、懐疑論はこのような文脈主義的な解釈を受け入れて、私たちは懐疑的な文脈では自分に手があることを知っていないが日常的な文脈では知っていることを認めるだろうか。

　懐疑論は少なくともこの点についてもう少し厳しい主張をしていると思われる。すなわち懐疑論は次のように言う。私たちは厳密に言えば自分に手があることを知っていないのであり、それを知っていると考える日常的な文脈は基本的に間違っている。私たちは日常生活の忙しさやその他の実践的な要請によって、知識の緩い基準を用いることがあるが、しかし本当は私たちは何も知っていないのだ。

　懐疑論は、このような主張だからこそ哲学的に意味があり多くの人の関心を引くのだと思われる。もしそうでなく文脈主義が言うような基準の上下の問題であるならば懐疑論はあまり興味深いものではない。

　懐疑論が哲学的に興味深い問題だとすると（そしてそれは実際に興味深い）、「知っている」の意味が帰属者の文脈に依存すると論じる帰属者文脈主義は根本的に間違っているように思えるが、さらに追い打ちをかけて、そもそも「知っている」が文脈に鋭敏であるしかたは、文脈に鋭敏な他の言葉や表現とは異なっているという指摘もなされている[33]。

> 「彼は背が高いね」
> 「いや、170 cm くらいだから平均的な日本人男性として背が高いとは言えないよ」

32）　"attributor-sensitive contextualism" や "ascriber contextualism" などとも呼ばれる。以下の文中で、AC は帰属者文脈主義の省略表記である。

33）　たとえば、Stanley (2005) のとくに第 2 章と第 3 章を参照。

「あはは。だけど彼はまだ六年生だからね」
「それはそうだね」

このように会話の中で文脈依存的な意味をもつ語（この場合は「背が高い」）は自由に基準を変えて何の対立も起こらない。この会話が次のように進んでも何の違和感もないだろう。

「それはそうだね。だけど大人として考えたら背が高いわけじゃないよ」
「こだわるねえ。そりゃあ大人としては高いと言えないよ」

このように、異なる基準があることは必ずしも意見の不一致を意味しない。しかし知識の場合は少し事情が異なる。

「今日あのパン屋が開いているか知ってる？」
「知ってます。あの商店街の定休日は日曜ですから」
「その程度の証拠じゃあ、今日あのパン屋が開いていることを君は知っていない。臨時休業かもしれないじゃないか」
「そこまで慎重になるなら、たしかに知っているとは言えないです」

もし「知っている」が「背が高い」と同じように振る舞うなら、この会話の続きは次のようなものになっていただろうが、これはかなり不自然ではないだろうか[34]。

「だけどぼくにはセンパイのような特別な事情がないので、ぼくはそのパ

34）　この発言が不自然でない環境については後に 184 ページで検討する。

ン屋が開いていることを知っています」

このように、知識の基準の変化は、その意味が文脈に依存することが一般的に
認められている語や表現の柔軟さに比べると、やや異なる振る舞いをするよう
に思われる。いったんセンパイの基準が提出されたならば、それは背の高さの
場合のような自由に選択可能な一つの基準ではなく、強制力を伴う客観的に正
しい基準であるような印象を与える。

　文脈に鋭敏な通常の言葉とは異なるこの独特の振る舞いが、懐疑論にその哲
学的パワーを与えているとすれば、認識論はその独特さの解明へと向かうべき
である。

　そして懐疑論がもつその哲学的パワーを説明するためには、知識の帰属に何
らかの一般性や客観性をもたせる必要があるだろう。「私はタンクに浮かぶ脳
でない」ということを知っていないという懐疑論者の主張は、懐疑論者の視点
からだけでなく日常的な視点からも何らかの重要性をもつのでなければならな
い。

　たんに素朴な文脈主義をとるならば、懐疑論者と日常生活を営む人とでは文
脈が大きく異なるので、お互いの主張は空しく両立するだけである。それはち
ょうど各人にとっての「私」や「ここ」が異なりながら何の問題もなく両立す
るのと同様である。

　他方で、単純で頑固な不変主義は懐疑論者と日常生活者のどちらか一方を認
め他方を否定する。つまり懐疑論的な不変主義者は懐疑論者が正しく日常生活
者は間違っていると主張するし、日常的な不変主義者はその逆を主張する。両
者の議論はかみ合わずすれ違うだけである。この両方に陥ることなく、有益な
対話の道を探るにはどうすればいいだろうか。

7.7.2　スタンリーの五つの事例

　帰属者文脈主義にとってもう少し深刻な問題は、さまざまな事例を検討した
ときに、帰属者が文脈を決めているのでないように見える事例があるというこ
とである。

　たとえばセンパイの切羽詰まった状況について何も知らない後輩が、自分が
センパイに定休日についての情報を伝えたことに基づいて「センパイは今日パン
屋が開いていることを知っている」と判断した場合を考えてみよう。私たち
は、この後輩の判断は間違っていると感じるだろう。この場合センパイに知識
を帰属させている者は後輩である。それゆえ、デローズの理論だと、帰属者で
ある後輩の（緩い）基準が適用されて、この後輩の判断は真となるはずである。

　さらに別の事例も考えられる。たとえばこのセンパイが生来の楽天家である
としよう。今回もその性格のため臨時休業の可能性があるとは少しも思わず、
今日は商店街の定休日でないという証拠だけで満足してこう言ったとする。
「私は今日あの子がいるパン屋が開いていることを知っている」。私たちはこの
判断が間違っていると感じるのではないだろうか。しかしこの場合帰属者はセ
ンパイ自身なのでその緩い基準が適用されるはずなのに、私たちは厳しい基準
を適用したくなる。これも帰属者文脈主義では説明しにくい事例である。

　以下に、ジェイソン・スタンリーが整理した五つの事例を参考にして、パン
屋の事例のバリエーションを示してみる[35]。

---

1. 低リスク

特別なプレッシャーがかかっていない後輩が、その日が商店街の定休日で
ないという理由だけで「私は今日パン屋が開いているのを知っている」と
考える。

---

2. 高リスク

切羽詰まったセンパイが、臨時休業の可能性を考えて、定休日についての
情報だけでは「私は今日パン屋が開いているのを知っている」とは言えな
いと考える。

---

[35]　Stanley (2005, pp. 3-5) による。スタンリーの原著では、日本とは異なる北米の銀行システムが
　　　前提にされていて、日本の読者にはややわかりにくいので、これまで親しんでいるセンパイと後
　　　輩のパン屋の事例を用いる。基本的な問題はこの変更によって影響を受けないと私は考える。

──3. 低リスク帰属者と高リスク主体──

センパイの切羽詰まった状況を知らない後輩が、今日が商店街の定休日で
ないことを根拠に、センパイもそのパン屋が開いていることを知っている
と判断する。

──4. 無知（登場人物がリスクに気付いていない）──

実はこのセンパイは生まれつき願望的思考が強い性格で、今回もそのパン
屋が商店街の定休日以外に休む可能性があるとは夢にも思っていない。だ
から「今日あのパン屋が開いていることを私は知っている」と思っている
が、しかし現実には、そのパン屋は結構気まぐれで、営業日に閉まってい
ることがときどきある。センパイはこれまで偶然「今日は臨時でお休みし
ます」という札を見たことがなかった。

──5. 高リスク帰属者と低リスク主体──

センパイの視点から後輩の知識を判断する場合。センパイは後輩の「知っ
てます。だってあそこの商店街の定休日は日曜日ですから」という発言の
あと「こいつはそのパン屋が今日開いていることを本当に知っているわけ
じゃない」と心の中でつぶやいた。

　1の低リスクと2の高リスクの事例が典型的に示すように、これらの事例で
は知識の基準が動いているように見える。問題はだれの目から見た基準が動い
ているかだが、この五つの事例のうち帰属者の基準が働いていると解釈できる
のは1, 2, 5である。

　1の低リスクと2の高リスクの事例では、何も知らない後輩の文脈と切羽詰
まったセンパイの文脈では知識の基準が異なる。これはデローズの理論でうま
く説明できる。また5の事例ではセンパイが帰属者であり、その切羽詰まった
高い基準で後輩の知識を判断している。これも帰属者文脈主義で処理できる。

7.7.3　文脈を決めるのは帰属者なのか？──反論と応答

　しかし先に見たとおり、残りの二つは帰属者の文脈とは違うところで基準が決まっているように見える。

　3の事例では後輩の立場から「センパイはパン屋が開いていることを知っている」と判断するが、帰属者は後輩なので緩い基準が適用されるはずなのに、その判断は間違っているように思える。したがって帰属者文脈主義の説明が当てはまらない。

　さらに4の無知の事例、すなわち、登場人物が高リスクに気付いていない事例では、センパイが自分について判断しているので帰属者はセンパイである。センパイは高リスクに気付いていないので、彼の文脈で基準は低いはずなのに、その発言は偽であるように見える。センパイが気付いていない事実上の高リスクが高い基準を生み出して、センパイの発言が判断されているように見える。この不思議に高い基準を生み出すものは何なのか。

　この問題に対するデローズの対応は、文脈主義者らしく柔軟なものである。すなわち、基準を決めるのは常に帰属者つまり「Sはpを知っている」という文を語る人または使う人だが、その会話で何が問題になっているかに応じて、いろんなところから基準が採られる。そして場合によっては会話の対象になっているSという主体の基準が採用されることがあってもまったく問題ない。

　3の事例だと、帰属者である後輩の低い基準で主体であるセンパイに知識が認められるが、この帰属が間違いだと思われる。しかしそう思われるのは、私たちがセンパイの基準を知っていて、その基準から判断するからである。つまり後輩の判断が間違っているように見えるという事実が示しているのは、基準を決めるのが帰属者でないことではなく、真の帰属者は読者であって後輩でないということである。

　4の無知の事例も同様に説明できる。この場合センパイが自分自身の知識を判断しているので帰属者はセンパイであるように見えるが、その判断が間違っているという判断を下すのは読者である。したがってこの場合も帰属者が二重になっていて、最終判断を下しているのはセンパイが気付いていない状況についての情報を与えられている一段高い立場にいる帰属者すなわち読者である。

7.7.4 文脈を決めるのは主体である

さて、1の低リスクと2の高リスクの事例では帰属者（「SはPを知っている」という発言や判断をする人）と主体（「SはPを知っている」のS）が同一人物である。つまり1では後輩が、そして2ではセンパイが自分自身の信念について判断している。したがってこれらの事例は文脈を決めるのが帰属者であるとも言えるし主体であるとも言える。

そうすると明らかに3の事例では主体の基準が使われているように見えるので、基準を決めるときに参照されるのはむしろ知識主体の文脈だという解釈が可能である。そして実際にこの解釈をとるのが、ホーソーンやスタンリーに代表される「主体に鋭敏な不変主義」（Subject Sensitive Invariantism: SSI）[36]である。

知識の基準が主体の文脈で決まると考えても 1, 2, 3 を自然なかたちで説明できる。しかし文脈を決めるのが知識の主体だとすると、帰属者文脈主義は窮地に追いやられる。なぜならある文についてその文の主語が置かれている文脈に応じて真理値が変わるということはごく普通の現象であり、わざわざ文脈主義をとる必要がなくなるからである。

たとえば「ジョーンズはフォードを所有している」という文は、ジョーンズが置かれている状況によって真偽が変化する。たとえばジョーンズは現在フォードを所有しているが、三年前あるいは二年後には所有していないとしよう。するとこの文は現在は真だが三年前あるいは二年後は偽である。つまりこの文の真偽はジョーンズについての時間に相対的に決まる[37]。

あるいは所有という社会的事実は法律に依存するとすれば、ジョーンズはアメリカでフォードを所有しているが日本では所有していないかもしれない。そうするとこの文の真偽は場所（ジョーンズが所属する国）に相対的である。

さらに可能世界を考えることもできる。ジョーンズは現実世界でフォードを

---

36) 以後 SSI は「主体に鋭敏な不変主義」の略記とする。先に 150 ページの注7で述べたように、この呼称は主にデローズによるものでホーソーンは自らの立場を「鋭敏で穏健な不変主義」（sensitive-moderate invariantism）と呼ぶ。文脈主義に対する「不変主義」という呼び名は、Unger (1984) による。

37) 命題の真偽が発話の時点に相対的であるメカニズムの説明には二つの立場がある。時点主義（temporalism）は同一の命題が異なる発話の時点で異なる真理値を取ると考え、永遠主義（eternalism）は命題の中に発話の時点が組み込まれるので発話時点が異なれば異なる命題だと考える。この論述ではこのどちらにも与していない。本書 7.8.2 節を参照。

所有しているが所有していないことも可能である。つまりどこかの可能世界で
フォードを所有していない。このようにこの文はジョーンズがどの可能世界に
いるかに応じて真偽が決まる。

　帰属者文脈主義は、これとは違ったかたちで文の真偽が変化することを主張
する。それは、その文の内容から独立した要素がその文の真偽に影響するとい
う主張である。たとえば帰属者文脈主義は「ジョーンズがフォードを所有して
いる」という文がこの文を用いる人、言い換えればジョーンズに「フォードを
所有している」という属性を帰属させる人の文脈に応じて意味が変わると主張
する。このような帰属者はジョーンズやその周囲にいる人たちだとは限らない。
たとえば私たち読者のようにジョーンズとは縁もゆかりもない人間が帰属者で
ありうる。そのような文の内容とは関係ないものが当の文の真偽にかかわって
くると考えるのが帰属者文脈主義である。

　不変主義は帰属者文脈主義が必要とする「帰属者」を必要としない。もし帰
属者を持ち込まなくても同程度の説明ができるのであれば、そちらの方が経済
的でシンプルで使い勝手のいい理論である。それゆえ、あえて帰属者文脈主義
を選好する理由がなくなってしまう。

7.7.5　文脈を決めるのが主体でない場合と SSI の対応

　知識帰属の真偽を決めるのが知識主体だとすると文脈主義を持ち込む必要は
なくなる。さらに、文脈主義が懐疑論のパワーを説明できないのに対して、不
変主義は主体の状況によっては懐疑論が正しいことを主張できる。太りすぎか
どうかが、たんにその時々の文脈に応じて変わるなら、さほど問題ではない。
他人は他人、自分は自分と考えておけばよい。しかし今自分がもっているスー
ツを着るには太りすぎているならば、それはちょっとした問題である。

　同じように、主体に鋭敏な不変主義は主体の状況を用いて懐疑論を説明でき
る。たとえば、主体がある特定の状況にいるときには懐疑論が正しいというこ
とを主張できる。これは帰属者の文脈に関係なく、知識というものが普遍的に
はらむ性質である。それゆえ懐疑論は真正の哲学的問題である。

　しかし事態は楽観を許さない。なぜなら先に見た事例の中に、文脈を決める
のが主体でないと思われるものがあるからである。それは 4 と 5 の事例である。

4の事例で「私（＝センパイ）はパン屋が開いていることを知っている」とい
う判断が否定される。このときセンパイは自分が高リスクの状態にいることを
意識していないので、主体にかんする基準は低いはずである。しかしなぜか高
い基準からその判断が否定されている。

また5では「後輩は今日パン屋が開いていることを知っている」という判断
が否定される。この場合の知識主体は後輩でありその基準は低い。しかし実際
にはセンパイの高い基準が適用されている。それゆえ主体に鋭敏な不変主義は
4と5を説明できない。

この問題に対する不変主義の基本戦略は、心理学で用いられる投影（projec-
tion）というメカニズムに訴えることである[38]。たとえば5の事例では、セン
パイがその高い基準で自分が知識をもっていないと考えているので（この判断
は正しい）その判断が後輩に投影され、後輩の知識が否定されている（SSIによ
れば、この判断は間違い）というように。

また4の事例はやや複雑だが、センパイが高リスク状態にあることを理解し
ている私たち読者がその高リスクを自分に当てはめて、自分がセンパイの立場
なら知っているとは言えないと判断し、その判断を無知なセンパイに投影させ
ていると説明される。

ジェイソン・スタンリーは、ある主体が知識をもつかどうかが、その主体を
とりまく環境の実践的な事実に依存するという点を強調する[39]。

スタンリーの理論は4の無知の事例を次のように説明する。センパイは自分
が置かれている状況に気付いていないが、事実上センパイは高リスクの状況に
置かれているのであり、その状況でセンパイは高リスクに気付いているべきで
あった。この事実が知識の基準を押し上げるように働くので、その結果センパ
イの「知っている」は偽となる。

センパイの頭には臨時休業のことが入っていないが、パン屋の看板娘への告
白をドラマチックに成功させるというセンパイの関心に注目すれば、その可能

---

[38] Cf. Hawthorne (2003, pp. 162-166).

[39] スタンリーの立場はSSIと共通点が多いが、ホーソーンとはやや強調点が異なり「関心に相対
的な不変主義」（Interest-Relative Invariantism: IRI）と呼ばれている。以後、略記としてIRIを
用いることがある。

性を考慮すべきであり、このことが基準を上昇させる。言い換えれば、知識の基準は主体が現に自覚している基準だけでなく、主体の文脈で自覚すべき文脈に鋭敏である。

　スタンリーにとって説明がやや難しくなるのは5の事例である。知識の基準が主体に鋭敏であるならば後輩の低い基準で判断されるはずなのに、なぜ高リスク状況にいるセンパイたちの高い基準で判断されるのか。この事例でセンパイは帰属者なので、これはまさに帰属者文脈主義が正しいことを示すのではないか。

　しかしスタンリーはがんばって次のように説明する。センパイが後輩にパン屋が開いているかどうかを尋ねたのは、自分が置かれている高リスク状況にとって役立つ情報（つまり今日は臨時休業でないという情報）を得たいからだった。したがってセンパイが考えているのは「もし後輩が自分と同じ高リスクの状況だったならば、彼は今日パン屋が開いていることを知っていただろうか」ということである。現実の後輩は低リスク状況にいるが、このセンパイが想定する反事実的な状況の中で仮想的な後輩は高リスク状況にある。したがってこの場合もやはり知識主体である後輩の状況に即して知識の帰属が判定されている。

　IRI は SSI の一形態なので、当然 1, 2, 3 を説明できる。したがって IRI は 4 と 5 についてはやや苦しいながらも 1 から 5 までのすべての事例を説明できることになる。

7.8　新相対主義——査定者の視点

7.8.1　文脈主義を査定者によって拡張する

　これまでに見てきたように「S が p を知っている」という文の真偽がどのように決まるかという問題は、主にデローズに代表される帰属者文脈主義とホーソーンやスタンリーに代表される主体に鋭敏な不変主義のあいだで議論されてきた。

　これ以外にもさまざまな立場があるが、最近の動きとして一つだけ注目しておきたいのはジョン・マクファーレンに代表される新相対主義（New Relativism: NR）である[40]。

　前に見たように、デローズの文脈主義は「Sがpを知っている」と発言する者、つまり帰属者の文脈に応じてこの文の真偽が変わると考える。しかし単純にこの原則を適用すると3と4の事例をうまく説明できない。どちらの場合も帰属者はセンパイが高リスクの状況にいることを知らないので、その知識帰属の判断が誤っているように思われるからである。

　すでに見たとおり、この問題に対するデローズの対応は帰属者とその基準を会話の文脈に応じて柔軟に解釈するということであった[41]。

　マクファーレンの基本的な方針は、このような柔軟さを取り込めるように理論を拡張することである。そのために彼は帰属者の文脈に加えて査定者（assessor）の文脈というものを考える。査定者とは、各ストーリーにおける「Sはpを知っている」という発言の真偽を最終的に査定する者のことである。そして知識帰属において知識の基準が変化するのはこの査定者の文脈においてだと主張する。

　そうすると帰属者文脈主義がもともと説明できる1, 2, 5の事例は帰属者が査定者を兼ねている事例と見なすことができ、残りの3と4も最終的な査定が私たち読者に委ねられていると考えれば、私たち読者はそれらのストーリーにおいてセンパイが高リスクにあることを知っているので、センパイの判断が間違っていると私たちが感じる理由を自然なかたちで説明できるように見える。このように NR もスタンリーの五つの事例をすべて説明することができる。

7.8.2　さまざまな立場を整理する枠組み

　もう一つマクファーレンの議論で注目すべきなのは、デイヴィッド・カプランの指標理論をもとにして文脈主義論争におけるさまざまな立場の違いを明快に説明する枠組みを提供しようとしている点である[42]。

　カプランの指標理論は、「あれ」「これ」「わたし」「あなた」「今」「ここ」などの指標詞を含む文についての標準的な意味論として認められている。重要な

---

40)　MacFarlane (2014). 以後 NR は「新相対主義」の略記である。スタンリーはこれを「穏健な相対主義」（moderate relativism）と呼んでいる。Cf. Stanley (2005, p. 139).

41)　本書 174 ページを参照。

42)　この節の説明は MacFarlane (2009) に基づいており、指標性や文脈依存性という用語をやや独特の広い意味で用いている。

のは「発話の文脈」（context of utterance）がこれら指標詞の内容を決定し、次に、「値踏みの情況」（circumstances of evaluation）がその文の真偽を決めるという二段階構造である。

　センパイが「私」と言えばそれはセンパイを指し、後輩が「私」と言えば後輩を指すように、発話の文脈は指標詞の内容を決定する。これを指標性と呼ぼう。他方で「センパイは男である」という文は現実世界で真であるが、センパイは必然的に男であるわけではないのでその文は多くの可能世界で偽である。このように文の真偽は値踏みの情況に依存する。これを文脈鋭敏性と呼ぶことにしよう。そうすると、指標性と文脈鋭敏性は相互に独立した異なる性質である。つまり、指標性をもちながら文脈鋭敏性をもたない文がある一方で、指標性をもたないのに文脈に鋭敏な文もある。

　たとえば「明日は今日の次の日である」という文は、「明日」「今日」という言葉の内容が発話の文脈によって変化するので指標性をもつが、この文自体はどのような情況で評価されようともその真偽が変わらない（常に真である）ので文脈鋭敏性をもたない。

　逆に、「ソクラテスは座っている」という文は指標詞を含まないので、この文をだれが発話しようとその内容は同一である。しかし、この文が歴史上のソクラテスが存命であって実際に座っている情況で評価されると真だが、21世紀の現在それが評価されると偽である。あるいはこの命題は偶然的な命題なので、現実世界で真であってもどこかの可能世界で偽である。したがってこの文は指標性をもたないが文脈鋭敏性をもつ。

　通常の文脈主義は「SはPを知っている」という文に含まれる「知っている」という表現が指標性をもつと主張する。つまり「知っている」は「あれ」のような指標詞の一種であり、発話の文脈（デローズの用語では帰属者の文脈）に応じてその内容（とくに基準）が変化する。したがって帰属者が変化すると「SはPを知っている」という同じ文が指し示す内容（つまり命題）が変化する。

　しかし「SはPを知っている」という文が文脈鋭敏性をもつと考えても同じような違いを説明できる。この場合「知っている」は指標詞のような要素を一切もたず、どの文脈においても同じ内容をもつ。言い換えれば「SはPを

知っている」という文はどの文脈でも同一の命題を表現する。しかしその文は値踏みの情況に応じて真理値を変える。ホーソーンやスタンリーの不変主義は、知識文に含まれる認識的な表現の指標性を拒否する。つまり知識はどんな発話の文脈にも依存せず、あくまでも主体が置かれている状況や実践的な関心のみに依存すると主張する。その意味でその立場は主体に鋭敏な不変主義と呼ばれる。

　マクファーレンの考えでは、値踏みの情況をどのように決定するかについて二つの方法がある。一つはそれを発話の文脈に基づいて決めるという方法であり、もう一つは発話者に加えて新たに査定者（assessor）を考え、その査定者の文脈で決めるという方法である。マクファーレンは前者を非指標的文脈主義と呼び後者を新相対主義と呼ぶ。

7.9　文脈主義論争について今の時点で言えること

7.9.1　文脈に依存する J と依存しない T のせめぎ合い

　これまでざっと見てきたように、帰属者文脈主義、二種類の主体に鋭敏な不変主義、そして新相対主義はいずれもスタンリーの五つのバリエーションをなんとか説明することができる。しかしそれらの説明に甲乙を付けることは伝統的な意味論との関係もあってここで最終的に決定することは難しい。むしろ私たちとしてはこのような論争から何か知識の特性のようなものが見えてこないかどうかに注意を向けたい。

　そこで問題を単純化し、基準を決めるのは帰属者（AC）か主体（SSI）かという点に絞って考えてみよう。素直に評価するとスタンリーの五つの事例の説明に対する適性は表7.1のとおりである。文脈を決めるのが帰属者だとすると帰属者が低リスク状態にあるときに問題が発生し、主体だとすると主体が低リスク状態にあるときに問題が発生しているように見える。

　そうするとここには共通の現象がある。それはいったん上昇した基準を下げるのが難しいという現象である。

　3の事例では、何も知らない後輩がセンパイに知識を帰属させるが、私たちはセンパイの高リスクの文脈を知っているのでセンパイの基準が高いことを理

表7.1　基準を決めるのは帰属者（AC）か主体（SSI）か

	AC	SSI
1. 低リスク	○	○
2. 高リスク	○	○
3. 後輩がセンパイを評価	×	○
4. 無知	×	×
5. センパイが後輩を評価	○	×

解している。いったんそのように基準が上がると、後輩の低い基準を用いてセンパイに知識を帰属させることに違和感を覚える。

　5の事例では逆に高リスク状態にいるセンパイが、主体である後輩の知識を否定するが、この場合もいったん高い基準を理解した私たちは、後輩に後輩の低い基準を当てはめることをしない。

　4の事例では、読者である私たちが高い基準を理解しているので、登場人物である暢気なセンパイに低い基準を適用することを拒否する。

　いずれも、何らかのしかたでいったん上がった基準が容易に下がらない現象が見られる。

　すでに見たように「背が高い」のような文脈に依存する意味をもつ語ではこのような非対称性が生じない。いったん「NBAの選手として」というように基準が高くなっても、すぐにまた「平均的日本人として」という低い基準を選択することが何のためらいもなくできる。

　しかし、その意味が文脈に依存することが広く認められている表現の中に、似た振る舞いをするものはないだろうか。たとえば「平らである」はどうだろうか。

「この道は平らだ」
「こんなに穴があるのに」
「砂利道に比べると平らだよ」
「それはそうだね。だけど日本の高速道路に比べるとひどいもんだよ」

> 「ここはアメリカだからしょうがないよ」

このように柔軟に自由に基準が変わる場面もあるが、そうでない場合もある。以下の会話が物理の実験をしている人たちのあいだで交わされたとしたらどうだろうか。

> 「この床で転がそうか」
> 「いや、こんなでこぼこがあるところではちゃんとしたデータが取れないよ」
> 「じゃあこのテーブルにしよう」
> 「いや、もうちょっと平らな方がいい」
> 「それじゃあガラス板を使おうか」
> 「そうしよう」

この場合、平らであることの基準は簡単に上下しないように思われる。しかもいったん基準が上がると容易に下がらない。どうしてかというと、ここでは理想的な平面が共通認識として想定されているからである。理想的な平面は文脈によって変化しないので、それを基準とした判断の揺れ幅は抑えられる。

「知っている」の場合も共通認識として理想的な何かが想定されていないだろうか。想定されていると思われる。それは「真」の要素である。

パン屋の事例で言外に強調されているのは、きわめて重要なことは実際にそのパン屋が開いているかどうかだということである。そこに文脈依存性はない。今現にパン屋が開いているかどうかは文脈によって変化しない。そしてセンパイと後輩の証拠がこの事実を捉えるかどうかという観点から評価される。それゆえ、高い基準が提出されたあとで低い基準を見ると、それが事実を捉え損ねる可能性が際立つことになり、基準をあえて下げることにためらいを覚える。

この点をもう少し明らかにするために、パン屋の事例でこの「真」の要素を外せる状況を考えてみよう。

─ 6. 電話 ─

「とにかく重要なことなんだ。今日あのパン屋が開いていることを君は知っているんだな」

「知ってます。だって、あそこの商店街の定休日は日曜日ですから」

「そんな証拠じゃダメだ。臨時休業かもしれないじゃないか」

「たしかにそうですね。そこまで言うなら電話してみましょう」

（ピポパ）

「あ、もしもし。すみません今日やってますか？　あ、はい、7時までですね。どうもありがとう」

（プチ）

「センパイ、開いてますよ」

「すごいな君は」

「やっぱり知っていたでしょう？」

　この場合、センパイと後輩は電話をかける前もパン屋が開いていることを知っていたと言ってよいだろうか。人によって直観は分かれるかもしれないが、よいと感じる人が多いのではないだろうか。少なくとも電話をかけない状況よりは基準の上がり方が緩やかであるように思われる。そしてセンパイはともかく後輩くんは知っていたと言っていいのではないだろうか。

　あるいは、以前に見た NPO【知識が大事】[43] の事例ではどうか。センパイのようにあまりにも基準を上げて身動きが取れなくなるよりも後輩くんのような実生活に対応した柔軟な証拠処理能力の方が高く評価されることは十分に考えられる。

　つまり、「知っている」から真理条件を外して純粋に認識的な正当化だけに注目した場合、その基準ははるかに自由に上下するように思われる。その自由な変化を邪魔するのは JTB の T の要素、つまり知識に含まれる「真」の条件ではないだろうか。

---

43)　本書 31 ページを参照。

　このように考えると、「知っている」という言葉の意味は「背が高い」など
と同じしかたで文脈に依存するのではなく、「よい力学的データを得るという
目的のために十分に平らである」のような、目的が混入した表現の意味に相当
するように思われる。したがって、知識の本性にはたんに真の信念が含まれる
だけでなく、真の信念を獲得することを目的とするということが含まれるよう
に思われる。この点は次章の徳認識論に受け継がれていく重要な要素となる。

7.9.2　知識に必要なのは鋭敏性か安全性か

　最後に文脈主義論争に対する現代認識論の他の陣営からの批判を見ておこ
う[44]。

　「知っている」という言葉が、文脈に応じて意味を変えるように見えること
は事実である。その変化がどのような仕組みで起きているかを解明することが
文脈主義論争に参加する研究者たちの課題である。

　しかし、たとえば「犬」という言葉が文脈に応じて意味を変えるかどうか、
変えるとして、その変化の仕組みがどうなっているかという探究は、犬という
動物についての探究とは違うように、知識についての文脈主義をめぐる論争は
知識とは何かという当初の探究とは違うように思われる。

　文脈主義論争で問題なのは、知識と知識でないものとを分ける基準がどのよ
うなメカニズムで変化するかということである。他方、伝統的な認識論で問題
になってきたのは、知識と知識でないものを分けるのは何か、あるいは知識と
たんに真である信念を分けるものは何かということだった。文脈主義をめぐる
論争はこの問題についてほとんど何も語らない。

　文脈主義者はこう反論するかもしれない。デローズらの文脈主義は少なくと
も懐疑論をめぐるパラドクスをうまく説明する。懐疑論は認識論にとって重要
な問題である。それゆえ文脈主義は認識論にとって重要な問題を解決する点で
重要である。

　もちろん文脈主義が認識論にとって無意味だといういういうわけではない。生き
残った鈍感な信念[45]というアイデアは懐疑論を見る新しい視点を与えてくれた

---

44)　この節の論述は主として Sosa (2000) の議論に基づく。ただしソウザと安全性条件との関係に
　　ついては若干の複雑さがある。Sosa (2007) のとくに第 2 章を参照。

ようにも思える。

　しかしデローズの議論の中で、知識に必要とされる条件については基本的に
ノージックの追跡理論を取り入れたものであり、とくに慎重な考察が行われて
いるわけではない。振り返ると、その条件は鋭敏性の規則と呼ばれた以下のも
のであった[46]。

　　S が P を知っていると主張されるとき、必要であれば少なくとも一つの $\neg P$
　　世界を含むまでに認識的に関連する可能世界の範囲を拡張せよ。

これは追跡理論において「もし P でなかったならば、S は P と信じなかった
であろう」と表現された条件による[47]。

　しかし、知識とは何か、認識的正当化とは何かという探究において問題にな
るのは、まさにこの条件が必要条件なのかということである。ソウザはこの条
件が知識に必要な条件をうまく捉えていない可能性があるとして、二つの反例
を挙げている。

　一つは「私の認識能力は正常である」という命題である。この場合、私たち
はこの命題に対して鋭敏ではありえない。なぜなら、もし自分の認識能力が正
常でないならば、自分が正常でないとは思わないだろうから。では私たちはこ
の命題に敏感でないので自分の認識能力が正常だと信じてはいけないのだろう
か。

　もう一つは多くの日常的な事柄についての信念である。私たちは日常的で当
たり前であると見なしている多くの信念について必ずしも鋭敏でない。ソウザ
が挙げる例は、マンションのダストシュートである。アメリカの（高級な）マ
ンションには、上階の共用部の廊下にゴミ捨て用シュートと呼ばれる窓がある。
ここにゴミ袋を入れると、そのまま地下のゴミ置き場に落ちていく仕組みであ
る。あるとき、あなたが外出のついでに、いつものようにゴミ袋をダストシュ
ートに入れたとする。このときあなたは何の考えもなく、そのゴミ袋はすぐに

---

45)　本書 167 ページを参照。
46)　本書 166 ページを参照。
47)　本書 71 ページを参照。

地下のゴミ置き場に到着すると考える。しかしもし、ゴミ袋が何らかの不具合でどこかにひっかかり、ゴミ置き場に到着しなかったとしても、あなたはその事実に鋭敏に反応したりはしない。ではあなたは、ゴミ袋を投げ入れたらゴミ置き場に到着することを知っていないのだろうか。

　この事例は拡張性が高い。私たちの日常生活を成り立たせている多くの信念は、この意味で鋭敏でない。災害時によく言われる正常化バイアスはその代表的な例であろう。「川の水は堤防を越えていない」という信念は、もし越水があってもそれを鋭敏に察知しないかもしれない。問題はそのような鋭敏でない信念が知識の条件を満たさないものとしてすべて否定されるべきなのかということである。

　ソウザはこのような考察の後に、知識に必要とされるのは鋭敏性ではなく、それとは異なる次の条件である可能性を提示する。

　　もし S が P と信じたならば、P だっただろう。

デローズが重視する鋭敏性に対して、ソウザはこれを「安全性」(safety) と呼ぶ。「私はタンクに浮かぶ脳でない」という信念は、たしかにデローズが言うように鋭敏でないが、このことがただちにそれがソウザが言う意味で安全でないことを意味しない。

　日常生活において「川の水は堤防を越えていない」という信念をもつならば、実際にそうである可能性が高い。つまりその信念をもつ多くの近傍の可能世界で、川の水は堤防を越えていない。このことが知識の必要条件なのであって、デローズが言うような鋭敏性が必要なのではない。越水があった最近接の可能世界で「川の水が堤防を越えている」という信念をもっている必要はない。

　形式的に書くと、$P \square\!\!\rightarrow Q$ が「もしかりに P だったとしたら Q だっただろう」という接続法的な条件文を表すとして、ソウザの言う安全性は、

　　$B_S(P) \square\!\!\rightarrow P$

だが、デローズの言う鋭敏性は、

$$\neg P \,\square\!\!\rightarrow \neg B_S(P)$$

である[48]。接続法的な条件文の場合、対偶は同値でない[49]ことに注意すると、この信念が鋭敏でなくても安全であることがありうる。そして事実「自分はタンクの中の脳でない」という信念は、自分が投げ落としたゴミ袋が地下に到達しているという信念と同様に安全であるように思われる。つまり自分がタンクの中の脳でないと思う近傍の可能世界の中で、実際は自分がタンクの中の脳である可能世界よりも、実際に自分がタンクの中の脳でない可能世界の方が圧倒的に多いだろう。

　そしてそれが（つまり鋭敏性でなく安全性が）知識のために必要な条件であるならば、私たちは懐疑論的な想定をそもそも認める必要がない。私たちは自分がタンクの中の脳でないことを知っていると言ってよい。そうするとデローズの文脈主義は、知識の本性について懐疑論に譲歩しすぎたところから出発していると批判されることになる。

　次の章で見るように、最近の徳認識論ではこの安全性条件をどのように知識の本性に組み込むかということが一つの焦点となっている。

　現在でも文脈主義をめぐる論争はなお活発である。この大きなムーヴメントが現代認識論に何をもたらしたのかを最終的に評価するのはまだ先のことになるだろう。

---

48)　$B_S(P)$ は「S が P と信じている」を表す。

49)　通常の実質含意の場合、$P \rightarrow Q$ はその対偶すなわち $\neg Q \rightarrow \neg P$ と同値である。この証明を簡略に表記するとたとえば以下のようになる。$(P \rightarrow Q) \leftrightarrow (\neg P \vee Q) \leftrightarrow (Q \vee \neg P) \leftrightarrow (\neg\neg Q \vee \neg P) \leftrightarrow (\neg Q \rightarrow \neg P)$。しかし反事実的条件文を含む接続法的条件文はこのような単純な変形を許さない。

第8章

徳認識論の登場——信頼性主義の発展形

8.1 徳認識論とは何か

　第4章で検討した信頼性主義は、現代認識論にとって最も重要な洞察、すなわち知識を理解するために信頼性という要素が大切だという洞察をもたらした。しかし他方で単純な信頼性主義は一般性問題という難問に直面することも明らかとなった。

　それゆえ信頼性というアイデアを保ちつつ一般性問題を回避できるような理論が求められたが、そのような流れの中で有望なものとして浮上したのが徳認識論（virtue epistemology）と呼ばれる一群の理論である。

　徳認識論はその基本的な発想の点で徳倫理学から強い影響を受けている。徳倫理学はアンスコムの「現代の道徳哲学」(1958)[1] に始まるが、徳認識論はソウザの「筏とピラミッド」(1980)[2] に始まる。このかなり長い論文の最終部分でソウザは以下のように書いている。

　〔徳倫理学と〕同じ戦略が認識論においても実り豊かであることがわかるかもしれない。そうなると、第一義的な正当化は知的徳、つまり信念獲得のための安定した傾向性に、私たちを真理へと連れて行くより大きな貢献のためにあてはまり、第二義的な正当化は個別的な信念に、知的徳や他のそのような正当化された傾向性の源であるために付着することになるだろう。（中略）

---

1)　Anscombe (1958).
2)　Sosa (1980).

認識論においてもっとも有益で啓発的な知的徳の概念は、私たちの伝統が示唆するよりも広く、主体や主体の内的本性だけでなく主体の環境や認識的共同体にも相応の重要性を与えなければならないと考える理由がある[3]。

　この論文でのソウザの問題意識は基礎付け主義と整合主義の長年の対立を解決するということだが、この箇所で信頼性主義の徳理論バージョンがそのような解決を実現できることを示唆している。

　よく知られているように、徳倫理学では評価の対象を個別的な行為でなくその行為の主体、とくにその主体がもっている行為の傾向性にシフトさせる。同様に徳認識論でも、認識的正当化の評価対象を個々の信念から信念主体、とくに信念を獲得する際に信念主体が用いる傾向性へとシフトさせる。

　このシフトは重要である。なぜなら、それによって従来の認識論は主題の変更を迫られるからである。徳認識論以前の現代認識論は、*JTB* の *B*（信念）の要素に注目し、それがいかにして認識的に正当化されて知識に到達するかを問題にしていた。ところが徳認識論の主張によれば、認識論の主要な研究対象は信念ではなく信念主体であり、その信念主体が有徳であるか否かがまずもって重要な評価対象である。そして信念の正当さはその信念をもつ主体の有徳さに由来する副次的なものとされる。

　ハーストハウスは『徳倫理学について』で行為の正しさを以下のように規定している。

　　行為は、もし有徳な行為者が当該状況にあるならなすであろう、有徳な人らしい（つまり、その人柄にふさわしい）行為であるとき、またその場合に限り、正しい[4]。

同じように徳認識論は、認識的な正当さを以下のように理解する。

　　信念は、もし有徳な認識主体が当該状況にあるならもつであろう、有徳な人

---

3)　Ibid., p. 23.
4)　ハーストハウス (2014, p. 42).

らしい信念であるとき、またその場合に限り、認識的に正しい。

ここで、信頼性主義を扱ったときと同じ注意が必要である[5]。有徳な主体がもつ信念がある意味で正当な信念であることはとくに新奇な主張ではない。村の長老の言葉は昔から尊重されてきた。新しい主張は、その逆方向、つまり信念が有徳な主体がもつ信念でないならば認識的に正当でないという主張である。

　たとえば、ソウザと並び立つ徳認識論の旗手であるザグゼブスキは次のように書いている。

〔正当化された信念とは〕知的徳に動機付けられた人、そして有徳な人が常々もつであろうような自分の認知的状況についての理解をもつ人が、類似した環境において信じるであろうような信念である[6]。

ザグゼブスキは、これが認識的正当化の定義、少なくともそれに近いものだと考えている。それゆえその考えは次のようにまとめることができるだろう[7]。

> ─── 徳認識論による知識の定義 ───
> S が P を知っているのは、以下の諸条件を満たすときであり、またそのときに限る。
>   1. P は真である。
>   2. S は P と信じている。
>   3. S の P という信念は S の知的徳の働きの結果として生じている。

　このように、徳認識論は徳倫理学に刺激された新しい理論として誕生したが、その後、強調点の違いによって大きく二つの陣営に分かれていった。これらは相互に補う関係として協働する場合もあるが敵対して批判し合うこともある。

---

5)　本書 4.2 節を参照。
6)　Zagzebski (1996, p. 241).
7)　Cf. Ibid., p. 271.

一つはソウザやグレコに代表される徳信頼性主義（virtue reliabilism）であり、もう一つはザグゼブスキに代表される徳責任主義（virtue responsibilism）である。以下に順に見ていくが、前者については初期と最近の議論の違いが大きいので、二つの節に分けることにする[8]。

8.2　初期の徳認識論

徳信頼性主義はゴールドマンの因果説から信頼性主義への流れの正嫡であり、一般性問題[9]の解決を重視する。その最初期において三種類の代表的な理論があった[10]。

1. 固有機能主義（proper functionalism）
2. 規則信頼性主義（rule reliabilism）
3. 徳全体像主義（virtue perspetcivism）

8.2.1　プランティンガの固有機能主義

一つはプランティンガが提唱した固有機能主義[11]である。この理論で、知識を生み出す信頼できるプロセスは大まかに目的論的な観点から説明される。たとえば神がこの世界を創造したときのデザインプランによって知識を生み出す機能が決まっており、そのような機能が適切な環境の中で適切に働いた結果として生まれた信念が認識的に正当化される[12]。これは明らかにキリスト教のような創造論をもつ有神論を背景としている考えだが、プランティンガ自身は、そのようにあからさまな神の計画でなくても何らかの進化論的な過程を経て結果的に成立したプロセスも容認すると述べている。いずれにしても信頼できる

---

8)　徳認識論の比較的初期における分類とそれに対する批判については、Axtell (1997) を参照。

9)　本書 84 ページ 4.5 節を参照。

10)　以下の論述は主として Sosa (1993) に基づく。ただし、この時代にはまだ「徳信頼性主義」という名は用いられていない。

11)　Cf. Plantinga (1993a).

12)　プランティンガの言葉では「保証される」（warranted）だが、余計な混乱を避けるために以下の論述では「正当化」という言葉を用いる。

能力として認められるのは、特定の目的を達成するように設計された、あるいは進化論的なプロセスを経てそのような合目的性を獲得した機能である。

信頼できるプロセスを限定するためには目的論が必要だと考えられる一つの理由は、一般性問題を解決することがそれだけ難しいからである。プランティンガが提出する有名な例は、特定の認知プロセスを生み出す脳病変の事例である[13]。

脳病変

K 氏はある特殊な脳病変を患っている。この病変はさまざまな認知プロセスを生み出すが、その多くはでたらめで「私は鳥である」とか「目の前にピンクの象がいる」などの信念を生み出す。しかしあるタイプのプロセスは、偶然「私には脳病変がある」という信念を生み出すとしてみよう。するとこの認知プロセスは（たまたま）常に真なる信念を生み出すので100% 信頼できる信念生成プロセスである。しかしこのようなプロセスによって生み出された信念が知識であるとは思えない。

これは「奇妙なプロセス問題」と呼ばれ、徳認識論をめぐる議論の中でよく参照される。信頼性が 100% の認知プロセスから生まれる信念が、それが脳病変によって生じているというだけで、なぜ認識的に正当でないのか。この問題に対するプランティンガの基本路線は、目的論の見地から見てそのような脳病変が真の意味での「固有機能」でないからだと主張することである。

このプランティンガの主張に対してはソウザによる【沼赤子】の反例がある。これはデイヴィッドソンのスワンプマン（沼男）[14] の事例を改変したもので、落雷の衝撃によって偶然誕生したスワンプベイビー（沼赤子）が登場する[15]。

---

13) Cf. Plantinga (1993b, p. 195).
14) Cf. Davidson (1987, pp. 443-444).
15) Sosa (1993, p. 53-54).

> ── 沼赤子 ──────────────
>
> あるとき落雷が沼の枯れ木に落ち、近くにいた私の体はばらばらになった。しかもまったくの偶然で、その枯れ木が私そっくりの沼男ならぬ沼赤子に変わった。まもなくある猟師がその赤子を見つけ普通の子と同じように大人まで育てた。大人になったその子はどこから見ても普通の人であった。

　スワンプベイビーは落雷の衝撃で偶然に誕生したので、定義上、神の計画や進化論的プロセスの結果として生まれたのではない。そして当然その認知機能も目的論と関係なく偶然に備わっている。しかしこの赤子が通常の環境の中で成長し、さまざまなことを学びながら成人したとすると、この沼赤子が他の大人と同様に知識をもっていると考えても差し支えない。つまり知識や認識的正当化についての私たちの理解の中に目的論的な計画やデザインは含まれていない。

　プランティンガはこのような反論に対して、スワンプベイビーが存在論的にありうるかどうかが疑問だとして、この思考実験自体の有効性を疑っている。しかしもし、合目的的に働く固有機能を創造神や自然の計画者はもちろん、進化論的な過程からも切り離して説明することができたら、それは【沼赤子】の反例に対する耐性をもち、一般性問題をクリアする徳信頼性主義の一つのバージョンを打ち立てることは可能だろう。その意味で、この方面は認識論が生物学や生物学の哲学とリンクするところであり今後の展開が楽しみだとも言える。

改革派認識論

　プランティンガの固有機能主義は宗教の哲学に取り込まれて改革派認識論（reformed epistemology）と呼ばれる独特の有神論的立場に発展した。

　いわゆる伝統的な自然神学は人間理性の範囲内で神の存在を証明しようとする。宇宙論的証明、目的論的証明、存在論的証明、道徳的証明などがその代表的なものである。これらはどれも推論を用いて「神」という述語を取ることが認められる何かが存在することを示そうとするが、改革派認識論はそのような推論や証拠が一切なくても、たとえば「神が存在する」「神がこの世界を創造

した」「神は私を愛してくれている」といった信念をもつことが合理的だと主張する。じっさい、彼らによればそれは知識である。

なぜそのような主張が可能か、ここまで読んできた読者には簡単に予想がつくだろう。そう。彼らは人間にはそのような信念を生み出す固有機能が備わっていると主張する[16]。「神感覚」と呼ばれるこの固有機能が適切に働いて、信心深い人々の心の中に上記のような宗教的な信念を生み出す。固有機能主義によれば、このような信念は認識的に正当であり、知識である。

このような結論を導き出すことによって、改革派認識論は一つの大きな背理法を形成すると見ることもできるが、その方策を採らないとき、固有機能主義を保持しつつこのような（一見して無茶な）帰結を排除することは難しい。それゆえ徳信頼性主義の他のバージョンを評価するとき、この問題をどのように処理できるかがひとつの試金石となる。

8.2.2 ゴールドマンの規則信頼性主義

さて二番目はゴールドマンの規則信頼性主義である[17]。ゴールドマンは自分の信頼性主義が一般性問題などの難問に直面することを認めて、ソウザが提案した徳認識論への転換に同意する。このときゴールドマンは信頼できるプロセスを同定するメカニズムを以下のように説明する。

私が提案したい仮定は、認識的な評価者が、心の中に蓄えた認知的な徳と悪徳の集合ないしリストをもっているということである。評価者は現実的あるいは仮定的な信念の事例を評価するように求められたとき、その信念が生み出された諸々のプロセスを考察し、それらを彼の徳と悪徳のリストに照合する。もしそれらが徳だけに対応していたら、その信念は正当化されたものに分類される。しかしもし悪徳に対応する部分があれば、それは正当化されない信念に分類される[18]。

---

16) 改革派認識論については Plantinga and Wolterstorff (1983) を参照。また、拙著（上枝2007）第12章は宗教哲学の文脈でこの問題を扱っている。

17) 「歴史的（historical）信頼性主義」あるいは「発生的（genetic）信頼性主義」とも呼ぶ。ゴールドマンの理論は変化が激しい。Cf. Goldman (1992, p. 117).

18) Goldman (1993, pp. 274-275).

ゴールドマンがここで想定する認知的な徳とは、視覚、聴覚、記憶、適切なかたちでの推論などに基づく信念形成プロセスであり、対して悪徳とは、臆測、願望的思考、反証事例の無視などに基づく信念形成プロセスである[19]。

　ある信念が正当化されているかどうかを判断するとき、すでにその判断を行う人の心の中に認知的な徳と悪徳のリストがある。徳のリストの中にあるものだけを使って生み出されたと認められる信念は正当化されていて、逆に悪徳が混入している場合には正当化されていないと判断される。この場合、徳のリストにも悪徳のリストにもないものが混入している場合の評価が難しいことが予想されるが、ゴールドマンは、この新しいプロセスが既存の徳や悪徳のどれに類似しているかによって判断されうる可能性を示唆している。この点は、徳のリストとの照合作業が必ずしも機械的に行われるわけではないことを示している。

　このように、プランティンガが認識的正当化の理解に神の計画や進化論的プロセスの結果として生じる目的論的機構を先行させるのに対して、ゴールドマンは認知的な徳と悪徳のリストを先行させる。プランティンガの脳病変が生み出す信念が知識でないのは、明らかにそのようなプロセスが認知的な徳のリストに含まれておらず、むしろ病気であることを踏まえて悪徳のリストに含まれているからだとゴールドマンは考える。

　しかし先に195ページで見た神感覚の場合、改革派認識論者は以下のように主張するだろう。「神感覚は脳病変と違い、宗教改革者カルヴァンの著作に出てくる機能である。それゆえそれは認知的な徳のリストに含まれている。無神論者たちは知らないだろうがこれはれっきとした伝統と根拠をもつものだ。それゆえ規則信頼性主義によっても、神が存在するという信念は正当化される」。

　この想定反論に対して、ゴールドマンの規則信頼性主義はその弱さを露呈するように思われる。少なくとも神感覚が徳のリストに入っていないと論じる際の根拠が薄弱であると思われる。

---

19)　Ibid., pp. 275-276.

8.2.3　ソウザの徳全体像主義

三番目は、徳全体像主義と呼ばれるソウザの理論である。ソウザはプランティンガを批判するがゴールドマンを歓迎する。しかし以下の二つの点でゴールドマンに対しても批判的である。

一つは、ゴールドマンの理論が認識的な正当さそれ自体の内容について何も語らない点である。たしかにゴールドマンの理論は、評価者がある信念を正当だと認めるメカニズムを説明する。しかしこれは「認識的な正当さ」や「知識」という言葉をどのように用いるか、そしてこれらを含む文の真偽がどのように決定されるかについての意味論を論じることではないか。

ソウザによれば、認識論は意味論以上のものである。認識論は認識的な正当さの内実が何か、知識の本性とは何かを問題にしている。この点で少なくともゴールドマンの規則信頼性主義は不十分である。

二つ目の批判は新悪霊問題への対応である。以前 89 ページの 4.6.1 で見た問題をもう一度思い出してみよう。現実世界で信頼できる S のプロセスが、悪霊世界で信頼できなくなっているにもかかわらず、悪霊世界で S' は S とまったく同じ精神生活を送っているとすると、S' の信念は正当化されるかどうかということが問題であった。

ゴールドマンの理論では、評価者の中にある徳と悪徳のリストが固定されているので、この世界の評価者から見て悪霊世界の S' の信念は問題なく正当化される。なぜなら、S' は私たちと同じ知覚や推論を用いているのだから。しかし S' の知覚や推論は、悪霊たちの悪ふざけのせいでまったく信頼できず、獲得される信念は高い確率で偽である。したがって悪霊世界において、S' の信念は S' にとって外在的な見地から正当化されないはずだ。ゴールドマンは因果説を唱えたときから筋金入りの外在主義者なのだから、新悪霊問題についても外在主義の見地から正当化を認めない判定をするべきだが、規則信頼性主義にはその力がない。

二つの正当化

これに対してソウザは、内在主義に譲歩することなく新悪霊問題を解決する方策を提案する。それはプロセスの信頼性を可能世界に相対化させることであ

る。ソウザによれば、認識的徳には二種類あり、それに応じて二種類の認識的な正当さがある[20]。

―― ソウザによる二種類の正当化 ――

J_1　信念 B が、世界 W において正当化されるのは、B が W において、$\dot{W}$ の中で有徳な認知プロセスによって生み出されるときであり、かつそのときに限る。

J_2　信念 B が、世界 W において正当化されるのは、B が W において、私たちが住む現実世界の中で有徳な認知プロセスによって生み出されるときであり、かつそのときに限る。

J_1 は、可能世界に相対化された認識的徳とそれによる認識的正当化であり、J_2 は、現実世界から見た認識的徳と認識的正当化である。

　悪霊世界の住人 S' の信念は、その世界では正当化されないが、私たちの目から見ると正当化されているように思われる。それは、その信念が J_1 の意味で正当化されないが、J_2 の意味では正当化されるからである。現実世界の私たちは S' の信念を評価する際に、いわば現実世界と S' の世界とを行き来する。その往来によって私たちの評価は恣意的でないかたちで変化する。

　このため悪霊世界の S' の信念が正当化されているように思われるのは、けっして内在主義が正しいからではなく、正当化についての私たちの直観に J_2 が含まれているためである。新悪霊問題は内在主義が正しいことを示しているのではない。

動物的知識と反省的知識

　ソウザの理論の大きな特徴は、人間の知識に二つの段階があると主張する点である。彼は一方を動物的知識（animal knowledge）、他方を反省的知識（reflec-

---

20)　かつてソウザは、J_1 をアプト正当化、J_2 をアドロイト正当化と呼んだことがあったが、アプトとアドロイトは現在別の意味で用いられるので、ここでこの呼び名は用いない。この「別の意味」については、本書 200 ページを参照。

tive knowledge）と呼ぶ。動物的知識は、外在主義や信頼性主義の精神に沿って、事実上、有徳な認知能力が信念を生み出しているときに成立するものであり、反省的知識は、それに加えて自分が置かれている認知的状況についての全体的な理解、とくに自分が用いている認知的能力の信頼性についての見通しを要求する[21]。これは知識という言葉が両義的だというのではなく、そのときどきの文脈や実践的な要請によってこの二つのタイプの知識が使い分けられると考える。

　これまで見てきたように内在主義と外在主義のあいだに深い対立があるが、ソウザが言うようにもともと知識に二つのタイプがあるとすれば、内在主義は反省的知識を、外在主義は動物的知識をそれぞれ念頭に論じていると言うことができる。これは信頼性主義などの外在主義をとったとしても内在主義の要素がけっして無意味にはならないことを示している。

　また、前に整合主義を見たときに知識における「理解」の重要性を確認したが[22]、ソウザの理論で反省的知識という高いレベルの人間の知識を説明するときに、整合主義もまた重要となる。反省によって自らの認識的な立場の理解を深めるということは、より広い領域へ整合性を拡大していくことだからである。このようにしてソウザの理論では整合主義もまたその場所を与えられる。

　さらに、この反省的知識という着眼点は 194 ページの改革派認識論に対してかなり有効であるように思われる。私たちはなぜ神感覚を認めたがらないかというと、それが私たちの言語共同体に備わる知的徳のリストに入っていないからというよりは、私たちの知識についての反省的な全体像としっくりこないから（端的に言えば整合性が怪しいから）なのではないだろうか。かりにキリスト教の一部で神感覚というものが長く認められてきて、彼らの内部では認知的徳のリストに入っているとしても、しかし必要なのはそのようなリストに現に入っていることでなく、その信頼性についてのメタ正当化が私たちの知識についての全体像と合致することではないか。このようにソウザの理論は改革派認識論に対する処理の方針を与える点でも有効だと思われる。

---

21)　ソウザは、このような反省的な理解を総称して「全体像」（perspective）と呼ぶ。それゆえソウザの理論は徳全体像主義（virtue perspectivism）と呼ばれる。
22)　本書 129 ページを参照。

8.3　徳信頼性主義の現在

　一般性問題への対応が主な関心事だった徳信頼性主義は、その後、次節で見る徳責任主義との差異化の中で、認知的徳にもとづいた認識的な正当さの本性をより詳細に究める方向へと進んでいく。現在進行中の議論はさまざまな方面に拡大しており、その全貌を紹介し検討することはもう一冊の本を必要とする。そこで本節では能力、目的達成[23]、安全性[24]、そして価値問題[25]の側面に限ってアーネスト・ソウザとジョン・グレコの理論を見ることにしたい。

8.3.1　その後のソウザの展開

AAA 構造

　ソウザはその後、知るという活動あるいは知識を生み出すという行為それ自体をより広い文脈に位置づけ、その一般的な構造を解明することへ向かう。ソウザによれば、知るということは真という目的を達成しようとする行為や状態である。そして一般にある目標を達成しようとする行為や状態は、次の三つの観点から評価されうる[26]。

1. それは正確（accurate）か——目標を達成しているか。
2. それは巧み（adroit）か——主体に備わる技術や能力を表しているか。
3. それは適正（apt）か——巧みであるがゆえに正確か。

この正確、巧み、適正という三つからなる構造をソウザは「*AAA* 構造」と呼ぶ[27]。たとえばアーチェリーの練習場で、ある人が矢を放ち真ん中の 10 点に当たるという射撃を行ったとき、その行為は次の三つの点で評価される。

---

23)　本書 185 ページを参照。
24)　本書 187 ページを参照。
25)　本書 95 ページ 4. 6. 4 節を参照。
26)　以下の論述は、Sosa (2007) に基づく。
27)　Cf. Ibid., p. 22.

1. その矢が的に当たったかどうか。
2. その射撃が、射手の技量を示しているか。
3. その矢は、その射手の技量のゆえに的中したか。

1の点は自明だとして、2の点が指摘するのは以下のことである。もしその射手がアーチェリーをしたことのないまったくの素人ならば、矢が的に当たったのはビギナーズラックであり、驚かれることはあっても褒められたり尊敬を集めたりすることはないだろう。逆にその人がオリンピック選手ならば、それはすばらしい技術の披露であり賛辞が送られる。

　しかし1と2では十分でない。なぜならすばらしい技術をもった選手でも偶然に矢が当たることがあるからである。たとえば技量豊かで正確な射撃だったのに突風のせいで矢が右に流され、しかし次の瞬間に再び右から突風が吹いたために結果的に的に当たったとき、その射撃はその射手の技術の発露のゆえに的中したのではない。的中が評価されるためには的中が射手の技術によって十分に因果的に説明されなければならない。これを確認するのが3の点である。

　ソウザによれば、知識もそのような目的達成に向けられた状態の一つである。それゆえ基本的に同じ三つの観点から評価される。

　S が P を知っているのは、以下の条件を満たすときであり、かつそのときに限る。
1. S がもつ信念が真である。
2. S がもつ信念が、S の認識的な能力を示している。
3. S の能力のゆえに S は真の信念をもっている。言い換えれば、S が真の信念をもつことが S の能力によって十分に説明される。

この観点から見ると、ソウザの言う動物的知識はこの三つ目の条件が満たされた適正な信念に相当する。そしてこの信念が反省的に全体像の中に位置づけられてメタ的に正当化されたとき、それは反省的知識となる。

価値問題への応答

　この分析の利点は、知識がもつ目的達成の要素とともに価値問題に対する回答を含んでいる点である。ザグゼブスキは次のようにプロセス信頼性主義を批判した。すなわち、信頼性抜群のエスプレッソメーカーが入れたエスプレッソは、そのメーカーの信頼性によって味が評価されたりはしない。信頼性の低いエスプレッソメーカーが入れたとしても、美味しいエスプレッソはそれ自体として美味しい。したがってプロセスの信頼性は知識がもつ価値を説明しない。

　これに対してソウザは、知識がある能力の達成として見られるならば、一般にわたしたちはそのような達成に賛辞を送り価値あるものとするのだと考える。その際、ここでソウザが述べるような AAA 構造が重要である。偶然の成功よりも能力の発現としての成功の方が価値がある。ビギナーズラックでたまたま的に当たった射撃よりも、数年の研鑽の後に獲得した技量によって的を射貫いたオリンピック選手の射撃の方が価値がある。知識も同じで、主体に備わった知的徳の発現として事実が捉えられているとき、その真なる信念は知識として評価される。

　ソウザの意を汲んでザグゼブスキへの反論を構成するなら次のようになるかもしれない。すなわち、エスプレッソメーカーの喩えは反論として不適切である。真の信念を美味しいエスプレッソにたとえるのなら、真の信念を生み出す有徳な認知能力は信頼性抜群のエスプレッソメーカーではなく熟練のバリスタになぞらえるべきだ。行列ができるカフェでそのカリスマ的なバリスタが入れるエスプレッソの味は、彼女の長年の情熱と研鑽と苦労の末に達成された卓越した技量を感じさせ、それを味わう人々に感動を与えるだろう。たまたま美味しくできたエスプレッソとは違い、彼女のエスプレッソが美味しいと賞賛されるとき、その味の中には彼女のバリスタとしての有徳さへの賛辞が含まれているのではないか。

アーチーの反論

　しかし AAA 構造による分析が不十分であることが以下のような反例で示された[28]。

---アーチー---

アーチェリーのオリンピック選手であるアーチーが、アーチェリーの射撃場で的を狙い、その技量を遺憾なく発揮して矢を 10 点の的に当てた。しかしアーチーがまったく知らなかったことだが、アーチーが狙った的以外のすべての的には特殊な力場が働いていて、それを狙った矢はことごとく的を外れるようになっていた。

このアーチー[29]の射撃はたままた力場が働いていない的を狙ったために成功したが、その成功の少なくとも一部はオリンピック選手としてのアーチーの技量に由来する。彼は通常の環境でなら非常に高い確率で的の中心を射貫く能力をもっているからこそ、たまたま力場がない的を狙ったという偶然をものにした。つまりこの射撃は、(1)矢が的に当たり、(2)アーチーに射撃の卓越した技量があり、(3)その技量のせいで標的が射貫かれている、という点でソウザの *AAA* 条件を満たしている。しかしその成功はやはりまったくの偶然である。

これは 65 ページで見た【ドライブ中のヘンリー】に類似した事例である。少し設定を変更し、ヘンリーが見ている小屋は遠くに小さく見えていて、十分によい視力をもっていないとそれが小屋に見えないという想定を加えてみよう。ヘンリーはその優れた視力で草原の小屋を見て「あれは小屋である」という信念を抱くが、その草原には本物と見分けがつかない偽物の小屋がたくさんあったのだとする。この場合、ヘンリーの真の信念は知識とは言えない。しかし、ヘンリーの信念は、*AAA* 構造をすべて満たしていると思われる。なぜなら(1)それは真であり、(2)ヘンリーの視力は優秀であり、かつ (3)その優秀な視力のために真の信念を抱いているからである。

同じ問題は私たちの日常的な知覚の場面にも生じる。私たちが (1)自分に手があると信じ、(2)そのときに働いている知覚の精度はきわめて優秀であり、

---

28) この反例は Pritchard (2008, p. 445) による。ただしこの論文で直接に批判されているのはグレコの理論であり、「アーチー」という人物もまだ登場していない。ここでの記述は現在広く了解されているかたちに筆者が書き直したものである。

29) 余談だが、2019 年にイギリス王室に誕生した王子の名前として話題になった Archie は、認識論研究者のあいだでは昔からこの反例の主人公として有名であった。

(3)その有徳な知覚のせいでその真の信念を獲得しているとしても、夢の中で
そのような信念を抱いても容易に夢だとは判別できない。

反省的知識

　この問題に対するソウザの対応は、前に見た[30]知識の二重構造で想定された
反省的知識の必要性に訴えることである。動物的知識を問題にするかぎり、
AAA 構造で十分だが、私たちはより高度な知識すなわち反省的知識を問題に
することがある。その場合に要求されるのは一種のメタ正当化であり、自分の
信念が正当化されていることについての包括的で整合的な全体的理解をもつこ
とである。この観点から言えば、日常的な知覚の場合にはそのようなメタ正当
化がなされているので知識と認められるが、ヘンリーの場合はそれがないので
知識と認められない、という説明がなされることになる[31]。

8.3.2　ジョン・グレコの理論

安全性の組み込み方

　さて、知識からこのような偶然を排除しようとすればその方策には二とおり
ある。一つは知識の分析の中に独立に偶然性を排除する条件を加えることであ
り、もう一つは認知能力の中に偶然性を排除する条件を組み入れることである。
　前者を採った場合、知識の定義は以下のようなものになる。これは【アーチ
ー】の事例を考えたダンカン・プリチャードが提唱する理論である[32]。

　S が P を知っているのは、以下の条件を満たすときであり、かつそのとき
　に限る。
　　1. P が真である。
　　2. S が P と信じている。
　　3. S と P について、AAA 条件がすべて満たされている。
　　4. S の P についての信念が安全性条件を満たしている。

---

30)　本書 198 ページを参照。
31)　Sosa (2010) を参照。
32)　Pritchard (2008) を参照。

4 の安全性条件はデローズが主張する鋭敏性に対抗してソウザが提案した知識の条件であり、P と信じているならば容易に $\neg P$ でないという条件である[33]。

　ヘンリーの真の信念は容易に偽となるのでこの条件を満たさない。それに対して「自分に手がある」という信念は容易に偽とならない[34]。ヘンリーの知識が否定される一方で私たちの日常的な知識が否定されないことはこのように説明される。

　重要な点は、この安全性条件が正当化とは異なる独立の条件として与えられていることである。つまりこの考えを文章として表現するならば、知識とは、正当化されかつ安全な真の信念である、ということになろう。

知識を生み出す能力

　これに対してジョン・グレコは、能力の中に安全性を組み込む方向で考える[35]。グレコによれば、知識を生み出す能力には次のようないくつかの条件が組み込まれている。

- Se:　主体 S の中に位置づけられる傾向性（Seat）。
- Sh:　S 自身の状態（Shape）。たとえば「酔っ払っている」「十分に覚醒している」など。
- Si:　S が置かれている状況（Situation）。たとえば、「暴風雨の中にいる」「偽物の小屋がある草原にいる」など。
- R:　問題となる信念の信頼性が評価される領域（Range）。
- D:　信頼性の度合い（Degree）。

グレコは、能力がそもそもこのような構造をもつことを主張する[36]。そしてこのような能力の信頼性は、現実世界だけでなくその時々で関連する可能世界の集合の中で評価されるが、それを、様相的な環境（E）と表記する。

---

33)　本書 187 ページを参照。
34)　もちろん懐疑論者はこれに同意しない。
35)　以下の記述は、参考文献に示す未発表の論文に基づく（Greco forthcoming）。
36)　グレコは能力 A を $A(Se/Sh/Si/R/D)$ と表記する。Seat, Shape, Situation の SSS 構造自体はソウザによる「能力」の規定であり、グレコはこれを基本的に採用し拡張する。Sosa (2010) を参照。

　たとえば、「アーチーに優れたアーチェリーの能力がある」と言うとき、厳密には、「アーチーの身体に、練習によって培われた素人にはないある傾向性が存在し（Se）、彼が十分に覚醒していて（Sh）、変な力場や突風が吹き荒れる環境でないとき（Si）、70 m 離れた的に当てるという活動について（R）、関連する可能世界の中で（E）高い確率で（D）高得点を出す」と言っているのだと考える[37]。

　能力をこのように理解すれば、この能力の達成として生み出された信念は安全性条件を満たすことになる。安全性条件とは、$B_S(P) \Box\rightarrow P$、つまりいったん抱かれた信念が多少の状況の変化によっては偽にならないことを意味するが、これらの条件を満たしたものだけを能力と呼ぶとすれば、そこから生まれた真の信念が容易に偽とならないことは明らかだろう。

グレコとプリチャードの違い

　ではプリチャードのように独立の安全性条件を加えることとグレコのように能力自体に安全性を組み込むことの違いはどこにあるだろうか。

　プリチャードは【アーチー】の事例を次のように説明するだろう。アーチーは自らの能力を発揮して目的を達成したのに安全性条件が満たされていない環境にいたので、それは評価されない。これに対してグレコは次のように言うだろう。アーチーが置かれている状況（Si）が劣悪なので、そもそもその状況でのアーチーに優れた射撃の能力は存在しない。したがってアーチーの矢が的に当たったのは能力が発揮されたからではない。

　【ドライブ中のヘンリー】の事例ではどうだろうか。すでに見たようにプリチャードの場合にはヘンリーが知識の安全性条件を満たしていないのでその知識が否定される。ヘンリーは優れた視覚によって本物の小屋を見て、その結果として真の信念を得たが、劣悪な環境にいたので知識を得ることができなかった。

　これに対してグレコはこう答えるだろう。ドライブ中のヘンリーは、その状況が劣悪なので、そもそも本物の小屋について真の信念を獲得する能力をその

---

37)　E を考慮すると、これが関連する十分に多くの可能世界の中で成立しているという主張になる。

場でもっていなかった。したがって「あれは小屋だ」という真の信念は、ヘンリーの能力によって生み出されたものでないので知識ではない。もしかりにその劣悪な状況でも本物の小屋を識別する高度な能力をヘンリーがもっていたならば、彼が獲得した真の信念はその能力が生み出したものであるかぎりで知識となっただろう。

価値問題への対応の違い

　プリチャードとグレコの違いは価値問題において顕著となる。徳認識論は、知識の価値問題をより一般的な達成に対する評価の中に位置づけて解決しようとする。スポーツでも芸能でも技術でも、人が努力や才能のせいである技術や能力を身につけ、そしてそれが見事に発揮されたとき、人々はそれを褒め、高く評価する。徳認識論は、知識に価値があるとされるのも同じ理由からだと考える。

　この場合、グレコのように能力に安全性を組み込むならば、その能力の達成に価値があることはきわめてストレートに説明される。しかしプリチャードのような理解をした場合、たんに能力からの成功では知識に届かず、別に安全性条件が満たされなければならないので、知識の価値は能力からの達成と安全性との複合として説明されることになる。しかしどうして安全な環境にあることが価値を生むのか。とくに、そのような環境にあることがまったくの偶然である場合、なぜそのような偶然から価値が生まれるかということを説明するのが難しい。

　このように価値問題から見れば、グレコの理論の方がよりシンプルで強力であるように見える。しかし他方で能力それ自体の中に安全性を組み込むことは、能力というものを通常の理解を超えて非常に狭く限定するような印象を与える。

　たとえば伝説の大打者ベーブ・ルースは、酔っ払ってひどい二日酔いでもホームランを打ったと言われている。グレコのように能力を解釈すれば、二日酔いのベーブ・ルースはひどい身体の状態（Sh）にあるのでホームランを打つ能力をもっていないことになりはしないか。

　この種の反論に対しては、ベーブ・ルースは一般の人とは異なるさらに上位の能力をもっていたと答えられる。つまり彼のホームランを打つ能力は、かな

りひどい身体の状態であっても発揮されるような能力であった。二日酔いでホームランを打つベーブ・ルースの事例は、能力が上記の構造をもっていないことを示すのではなく、各要素が取りうる値が文脈に応じて柔軟に変化することを示している。

　そしてこれは、AAA 構造の3番目の要素、つまり目標が能力によって達成されているかということが、大きな枠組みとして、能力が成功を説明しているかどうかの判断に依存することを考えればむしろ当然のことである。なぜなら、あることを説明する場合には、その状況で何が問題になっているかを踏まえなくてはいけないからである。

文脈主義を取り込む

　グレコはこの点で、文脈主義を大胆に取り入れる。Se, Sh, Si, R, D そして E という要素は、知識の帰属を行う人の文脈に応じて変化する。そしてその際重要なのは、その都度の会話の文脈における実践的関心である。

　それゆえ、ある信念が知識かどうかはそのときの実践的関心が何かによる。たとえば【アーチー】の事例を少し変更して、もしもそれが通常のアーチェリー競技でなく、力場によって的が外れる場合があることを十分に考慮した上で、まず当てやすい的を選び、その上で的を射るという未来の複雑化したアーチェリー競技（力場アーチェリー）だとすると、アーチーの能力は、その未来の競技では高く評価されないだろう。なぜなら彼には重力場の存在を見抜く能力が欠けているからである。

　同じように【ドライブ中のヘンリー】の事例でも、実践的関心を変化させることによってその評価が異なることが考えられる。たとえば、たんに息子に言葉を教えるために「あれは小屋」と言っているという状況ではなく、たとえどんなに似ていても本物と偽物の小屋を見分けることがきわめて重要な状況だとしてみよう。たとえばヘンリーは戦場の砲撃隊員であり、偽物の小屋の後ろにはこちらを狙っている敵が隠れているが、本物の小屋の中には民間人がいるとする。このときヘンリーの小屋識別能力には、通常とは異なる高いレベルの信頼性が求められるだろう[38]。

　さらにグレコによれば、知識という概念は、実践的推論に役立つようによい

情報や情報源に目印を付けるために使われる。実践の文脈が異なれば、説明に
おいて何が顕著なものとされるかも異なる。たとえば、ある交通事故の原因は、
運転者から見れば歩行者の急な飛び出し、歩行者から見れば車のスピードの出
しすぎ、警察官からすれば双方の安全不確認、道路行政から見ればその地域の
危険地点に対する安全対策の見落としでありうる。

　つまり原因という概念は根本的に文脈に依存する。何が問題になっているか
によって、何を原因として取り出すかは変化する。グレコはこのことを実践的
関心に応じた説明上の顕著さという言葉で語る。

　これは一般性問題という信頼性主義が共通にもつ問題に対する解決案として
も機能する。つまり信頼性を問題にするプロセスの一般性は、そもそも普遍的
に定まるものではなく、そのときどきの文脈、つまり実践的関心によって変化
する。そのときの関心から見てもっとも顕著である説明に応じて必要とされる
一般性のレベルが定まると考えればよい。

　このようにグレコは、知識を原因や説明という概念を用いて定義しようとす
る。もちろん問題は「原因」や「説明」という概念それ自体が哲学的に十分に
分析されていないことだが、しかしこのことも知識という概念が本性的に孕む
困難がどこにあるかを示す指標となるであろう。

　徳信頼性主義ではソウザとグレコを中心にこれ以外にもさまざまな提案が行
われて活発な議論が交わされている。本節ではそのごく一部にしかも不完全に
触れたにすぎないが、徳信頼性主義に文脈主義を組み込むというグレコのアイ
デアは、これまでの認識論のいくつかの流れを統合する方向に向かっている点
で注目に値すると思われる[39]。

---

38)　【ドライブ中のヘンリー】の事例は、評価する人によって直観が変化することが実験哲学の調査
　などでも報告されているが、グレコのような文脈主義をとるならば、その直観の変化を評価者が
　暗黙のうちに想定する文脈の違いで説明することができる。

39)　ジョン・グレコ、拙訳『達成としての知識』（勁草書房、近刊）を参照。

8.4 徳責任主義

8.4.1 ザグゼブスキのプロジェクト

　徳認識論についての章を閉じるにあたり、最後に徳責任主義に触れておこう。191 ページで見たとおり、リンダ・ザグゼブスキは徳倫理学の知見を認識論に取り入れるというソウザのアイデアに強く反応し、1996 年に『心の徳──徳の本性と知識の倫理的基礎についての探究』[40] を出版した。

　徳責任主義の出発点となったこの画期的な本の中で、ザグゼブスキは徳認識論を徳倫理学に含まれる一つの分野として開拓することを提案する。具体的には、主として知的徳を扱う徳倫理学の一分野として徳認識論を構築する。

　すで見たように[41]、もともと認識的正当化の要素の中には倫理的な観点が混入しやすいし、チザムのように認識的正当化と道徳的正当化の類似を積極的に認める研究者は以前からいた。しかしこれまで多くの人は、認識的な正当さは道徳的な正当さとはやはり異なるのであり、そこに認識論が自立した研究分野として成立する根拠があると考えてきた。ザグゼブスキはそこを大きく踏み越えて次のように述べる。

　　私が提示する理論が注目するのは、知的徳という概念である。不幸にも哲学者たちはこれまで知的徳にあまり注目してこなかった。現代の哲学だけでなく、哲学の全歴史を通してそれは無視されてきたのである。もちろん道徳哲学者たちは「徳」を詳細に論じてきた。しかし彼らが知的徳に言及するそのような場合にでも、そのほとんどはアリストテレスの「思慮」という徳であり（中略）それ以外の知的徳は通常まったく無視されている。（中略）私はここで道徳的徳だけでなく知的徳も扱うことができるほどに十分包括的な単一の理論を発展させ、そのような理論がどのように知識や正当化された信念という概念を含む規範的認識論の主要概念のいくつかを分析するのに使えるかを示したい[42]。

---

40)　Zagzebski (1996).
41)　本書 8 ページの認識的正当化についての注意点や、102 ページの義務論との関係を思い出そう。

一言で言って、ザグゼブスキの野望は認識論を倫理学へ還元することである。しかし彼女によればそれは認識論の破壊でなく、むしろ道徳的概念の拡張、すなわち道徳的概念を認知活動の規範的領域を含むまでに拡張することである。そしてそのための具体的な方策が、これまで徳倫理学に欠けていたとされる知的諸徳の探究である。

　このようにザグゼブスキのプロジェクトは、倫理学と認識論の基本的な関係を見直すことを含む大規模なものである。この点でザグゼブスキの理論はソウザらの徳信頼性主義と大きく異なる。ザグゼブスキがソウザの理論を評して「ソウザは徳倫理学との連携に言及しただけで、結局、徳認識論は信頼性主義の別名として使われているだけだ」と述べるのもいわば当然のことである。

　ザグゼブスキによれば、認識論の諸理論は倫理学の諸理論に対応する。たとえば認識論における義務論はそのまま義務倫理学に対応する。そして信頼性主義は帰結主義に対応する。したがってソウザらの徳信頼性主義は徳倫理学ではなく帰結主義倫理学に対応する理論であると判定される。

8.4.2　徳責任主義による知識の定義

　ザグゼブスキは徳認識論の枠組みの中で知識を定義することができ、それによってゲティア問題などの難問を処理することができると考える。中心となるのは「知的徳の働き」という概念である。

　まず「徳」が次のように定義される[43]。

　徳とは以下の二つの要素を含む、人の深くかつ持続する獲得された卓越性である。
　　1. ある特定の望まれた目的を生み出すのに特徴的な動機をもつ。
　　2. その目的を実現することに信頼できるかたちで成功している。

徳には動機と成功という二つの主要な要素が備わっている。動機とはある目的を達成しようとすることの根底にある感情であり、人の人格の深い部分を形成

---

42)　Zagzebski (1996, p. xiv).
43)　Ibid., p. 137.

する。

　また徳は成功を含意する。有徳な人とはたんによい動機をもつだけでなく、望んだ目的をもたらすことができる、少なくとも十分に信頼できるかたちでもたらすことができる人である。

　次に「知的徳の働き（act）」が定義される[44]。

　ある知的徳 A についてある働きが以下の諸条件を満たすとき、そしてそのときに限り、それは A の働きである。

　　1.　その働きが A の動機づけ要素から生じている。
　　2.　A をもつ人がその環境でよく（高い確率で）その働きを行う。
　　3.　A の動機の目的を達成することに成功している。
　　4.　そのような働きの特徴を通して働く人が真の信念を獲得している。

その上で知識は次のように定義される[45]。

　知識とは知的徳の働きから生じる真の信念の状態である。

ただし徳の概念には成功要素が含まれているので、徳の働きから生じた信念は真であることが保証されている。したがって重複部分を取り除くと、ザグゼブスキによる知識の最終定義は以下のようになる。

　知識とは知的徳の働きから生じる信念の状態である。

8.4.3　ゲティア問題への対応

　ザグゼブスキのゲティア問題への対応で興味深いのは、倫理学を認識論へ拡張するというプロジェクト全体からの帰結として、それをより広い倫理的な視野から再解釈しようとする点である。つまりザグゼブスキによれば、ゲティア問題はより広い倫理学の問題の認識論における特殊事例である。たとえば次の

---

44)　Ibid., p. 270.
45)　Ibid., p. 271.

事例を考えてみよう[46]）。

　イタリアの裁判官

あるイタリアの裁判官がマフィアの殺人事件を審議している。彼は裁判官に求められるあらゆる徳性を備えていて、その徳を遺憾なく発揮してある被告を有罪とした。しかし残念なことに、実際にはその被告は無実だった。しかしまったくの偶然で、裁判官が知らないうちに、判決が下される直前にその被告が実際の殺人者とすり替えられた。結果的に裁判官は本当の殺人犯に有罪判決を下した。

　私たちはこのイタリアの裁判官を、真犯人に有罪判決を下した点で褒めることができるだろうか。ゲティア問題と同様にその成功は偶然であり、この裁判官を褒めることはできないように思われる。たしかに彼が有徳な人であり、その徳性を発揮した点は評価できる。しかしその徳の働きのせいで真犯人に有罪判決を下したのではない。その有罪判決は正義の徳の働きと呼べるものではない。

　ゲティア問題に対するザグゼブスキの応答は次のようなものになる。それぞれの事例における正当化された真の信念が知識でないのは、それが認識者の知的徳の働きを通して生じているのではないからである。職を得る人のポケットに 10 個のコインがあること、ブラウンがバルセロナにいること、あれが小屋であることは、すべて偶然に真となった信念であり徳の働きによってその信念の真であることが獲得されたわけではない。

8.4.4　徳責任主義の細分化と今後の展望

　認識論を倫理学の一分野にするというザグゼブスキの壮大なプロジェクトとは裏腹に、知識の定義やゲティア問題への対応は、ソウザやグレコのそれと大きな差があるとは言えない。しかし徳信頼性主義が徳を能力や機能と見なすの

---

46)　Ibid., p. 294.

に対して、徳責任主義は、公平さ、偏見のなさ、探究心があること、注意深い
こと、知的勇気、正直さなどの、より古典的な徳あるいは人間の性格特性を重
視する点に違いがある。

　このため徳責任主義は徳信頼性主義を、その理論が認知的徳を十分に論じて
いないために「徳」という名を冠するに値しないと批判し、逆に後者は前者を、
それが知識や認識正当化についての理論というより知識主体についての理論で
あり、もともとそのようなものは徳信頼性主義においても重視されてきたので
徳責任主義は徳信頼性主義の一部だと批判する。

　たしかに両者には違いがあり、相互に批判し合う場面もあるが、徳責任主義
の中でもとくにザグゼブスキの理論は、知的徳という概念を用いて伝統的な認
識論の問題に取り組もうとしている点でソウザやグレコの理論と少なくともそ
の動機において一致する。

　しかし徳責任主義の中には、知識や認識的正当化の本性を探究する伝統的な
認識論から離れ、これまで開拓されてこなかった新しい分野として知的徳を追
求する方向もある。これらは自らを「自立的な」徳責任主義と呼んでザグゼブ
スキのような伝統的認識論の探究と深くかかわる「保守的な」徳責任主義との
違いを強調する[47]。

　自立的な徳責任主義の中には、倫理学のみならず政治学や教育学などの他の
分野と連携して、証言をめぐる認識的不正の問題など社会問題としての認識論
に取り組んでいるものもあり[48]今後の動向が注目される。

---

47)　Cf. Baehr (2008).

48)　この分野の代表的な論文および著作としては Fricker (2003) および Fricker (2007) がある。

終　章

知識第一主義は新しい地平を切り開くのか

これまでゲティア問題に端を発する現代認識論を徳認識論まで追いかけてきた。そろそろ筆を擱くころだろうと思うのだが、最後に一つだけ残っている話をしておきたい。それは知識第一主義というモンスターについての話である。

2000年に刊行されたティモシー・ウィリアムソンの『知識とその限界』は次のような一節で始まっている。

知識と行為は心と世界のあいだの中心的な関係である。行為では世界の方を心に合わせるが、知識では心の方を世界に合わせる。世界が心に合わなければ欲求が残り、心が世界に合わなければ信念が残る。欲求は行為に焦がれ信念は知識に焦がれる。欲求にとって重要なのは行為であり、信念にとって重要なのは知識である[1]。

ウィリアムソンによれば、知識とは人間の心と世界とのあいだにある根本的な関係である。心は自らを世界の方へ合わせることによって知識という関係を得る。ちょうど行為という関係が世界を自らの方へ合わせることによって獲得されるように。

信念とは知識という関係がうまく成り立たなかったときに心の中に燃えかすのように溜まったものである。それはちょうど行為という関係がうまく成り立たなかったときに心の中に欲求という燃えかすが残るのと同じである。欲求が

---

1)　Williamson (2000, p. 1).

行為になれなかった心であるように信念は知識になれなかった心である。

　ウィリアムソンはこのようにしてゲティア問題に始まる現代認識論をひっくり返す。私たちが見てきたとおり現代認識論は知識を信念によって説明しようとしてきた。ゲティア問題を別にすれば知識とは一種の信念つまり認識的に正しい信念が世界とのあいだに「真」という関係にあるときに成立する関係である、つまり知識とは正当化された真の信念である（K=JTB）と考えられてきた。

　しかしもし信念が知識になれなかった心であるならば、知識が信念によって説明されるのではなく、逆に信念の方が知識によって説明されるであろう。伝統的に考えられてきたように知識が知識よりも単純である信念や（認識的な）正当化からなる複合体なのではなく、複雑なのは信念や正当化の方であり、それらが知識という単純なものによって説明されることになる。

　知識とはそれ以上の分析を許さない単純なものであり、知識によって他の認識的な属性や関係が説明される。これが前世紀の最後の年に出現して多くの認識論研究者を驚かせた知識第一主義の主張である。

9.1　ゲティア問題作成レシピ

　知識第一主義のエネルギー源がウィリアムソンの深い洞察にあることは間違いないが、それがすぐに比較的多くの共感を得ることができた背景には、長年にわたるゲティア問題への不満と焦燥があったように思われる。

　ゲティアが本書第2章で検討した論文を発表したのが1963年なので、いくら知識の分析が難しいとは言え、問題が明確に自覚されてから数十年がたつのにまだ満足できる解答が得られないのは、そもそもどこかが根本的に間違っているのではないかという疑いが濃厚に漂い始めていた。

　それに加えてザグゼブスキが1994年の論文「ゲティア問題の不可避性」[2]でゲティア問題を作るための一般的な手順を明らかにしたことで、ますます標準分析そのものに対する不信感が広がった。

---

2)　Zagzebski (1994).

ゲティア問題を作るためのザグゼブスキのレシピは以下のとおりである。

1. 最初に、偽の信念を用意する。
2. この偽の信念の認識的な正当さを、知識と見なせる程度にまで高める。ただし、その信念は依然として偽のままとする。
3. 認識的正当さと無関係な偶然を加え、この偽の信念を真にする。
4. ゲティア事例のできあがり[3]。

このオリジナルのレシピにある２のステップ、つまり偽の信念の正当さを知識にまで高めるという作業は、実際には難しいことが多いので、次の改良レシピの方が使いやすい。

1. 通常なら知識と言えるような信念を用意する。
2. 認識的な正当さと無関係な何らかの不運によって、この信念が知識と言えなくなるような状況を考える。
3. 次に、これも認識的な正当さと無関係な幸運によって、その信念がたまたま真であるようにストーリーを組み立てる。
4. ゲティア事例のできあがり。

これを使うと以下のように簡単にゲティア事例を作ることができる。

1. 窓から赤い車が前の道路に駐車しているのが見えるので、S は「前の道路に赤い車が停まっている」と思った。
2. しかしそれは車ではなく精巧に作られた実物大の模型だった。
3. しかしまったくの偶然で窓から見えないが少しだけ離れたところに赤いフェラーリが駐車してあった。
4. S の「前の道路に赤い車が停まっている」という信念は、真であり正当だが知識でない。

---

3) Ibid., p. 69.

　当初この問題を解決するのは簡単だと思われた。ゲティア問題は標準分析を少し修正する必要があることを示しているのであり、認識論にとって根本的な問題ではないと考えられた。こんな「変な」話が根本的な問題であるはずがない。だれもがそう思った。

　しかしその後の歴史が示すように、半世紀が経過した今でもこの問題はまだ解かれていない。

　問題は認識的に十分に正当な信念が認識的な正当さとは無関係な要因によって偽でありうるという想定である。この想定によって認識的に十分に正当な偽の信念がありうることになり、そしてこの偽の部分に認識的な正当さと無関係な偶然によって真となるような想定を加えると、たまたま真である正当な信念が生じるが、これは知識でない。

　この場合に認識的な正当さとして何を求めるかは関係ない。証拠主義であれ信頼性主義であれ、認識的な正当さ（J）の条件がその信念の真理（T）を含意しないような理論であれば、そこにゲティア問題が生じる。

　たとえば 49 ページで検討した阻却不可能性理論を考えてみよう。この理論は厳しすぎるとして退けられたが、かりに知識はこの厳しい条件を要求するとしてみよう。

- S が H を信じることを完全に正当化する P という命題が存在し、他のどんな命題もこの正当化を阻却（無効化）しない。

しかしこの条件が H が真であることを含意しないかぎり、H が偽である可能性は残されている。すでに見たように、一般的に J の条件を T の条件から切り離すことは、この可能性を認めることである。

　そうすると（厳しすぎる）阻却不可能性理論においてもなお、問題の信念の証拠を阻却する他の命題がないにもかかわらず、その信念が偽であることが可能であり、その意味で正当な偽の信念がありうる。そしてこの偽の信念を上記のレシピで調理すればゲティア事例ができあがる。

　ザグゼブスキによればゲティア問題を回避する二種類の方策があるが、いずれも望ましいものでない。一つは正当化条件が真理を含むようにすることであ

り、もう一つは真理と正当化条件を完全に分離させることである。

前者は、私たちがすでに何度も見てきたが、$K=JTB$ という標準分析それ自体を否定し知識を正当化された信念と同一視することである（$K=JB$）。もちろんこうすればゲティア事例が生じる余地もなくなる。スミスの「ジョーンズがフォードを所有している」という信念が正当化されるならば必ずそれが真である、言い換えれば、真でない可能性があるならば正当化されないとすれば、二つの偶然でゲティア事例が生じることもない。

もう一つは、まったく逆方向に、認識的な正当さを真理から完全に分離させることである。つまり S の信念が認識的に正当化されていることと、その信念が真であることとはまったく何の関係もなく、そしてそれが真であるときにのみ知識が成り立つと考える。

ザグゼブスキが用いている例をそのまま使うと、たとえばプラトン、スピノザ、カント、ヘーゲルはそれぞれ自分の形而上学理論が正しいと信じることにおいて認識的に正当化されている。しかしこのうちの（少なくとも）ほとんどは偽である。それでももしどれか一つが真であれば、それを知識と呼ぶことができるかもしれない。このとき、それが真であるのは認識的な正当さのせいでなく、たまたま世界がその理論と一致したにすぎない。つまり正当さと真理とのあいだには何の関係もなく、正当な信念が知識であるかどうかは要するにまったくの偶然である。

こうなると知識とは、認識的に正当な信念がたまたま世界の在り方に一致していること、つまりまったくの偶然によって獲得されることになるが、そうするとそもそもゲティア問題は問題でないことになる。なぜならゲティア問題が依拠する直観は、偶然に真であるような信念は知識でないということだからである。具体的には以下のような知識の理解を認めると、ゲティア事例はそのまま知識の事例だということになる。

> S が P を知っているのは、以下の条件を満たすときであり、かつそのときに限る。
>   1. S が P を信じている。
>   2. P は真である。

3. S は P を信じることにおいて認識的に十分に正当である。

4. P は認識的な正当さと無関係にたまたま真であってもよい。(偶然性許容条件)

9.2　プリミティヴとしての知識

　ザグゼブスキのレシピが正しいとすれば、ゲティア問題を避ける方策は、真理条件を包含するほどに正当化条件を強化するか、または、偶然性許容条件を加えるかだが、どちらも、見通しはあまりよくない。

　ウィリアムソンは、この状況を、次のように診断する。この困難な状況をもたらしているのは、$K=JTB+\alpha$ という分析の内容ではなく、その方向である。J や T や B といった要素によって K を説明するのではなく、逆に、K を用いて J や T や B を説明するべきである。つまり、K を分析されるべき複合的な関係や概念と見ることをやめて、K こそが、認識的な問題を理解していくためのもっとも単純で基本的な、プリミティヴなものと理解すべきである。

　本章冒頭で紹介したように、知識第一主義によれば、信念は知識になれなかった心である。知識を信念によって説明しようとするのは、言ってみれば、恋愛を片思いによって説明しようとするようなものだ。恋愛とは成就した片思いである。しかし、成就するとはどういうことか。本人が成就したと思う十分な証拠をもっていることか(証拠主義)。相手が嘘をついていることを示す十分な証拠がないことか(阻却不可能性)。本人の恋愛感情と事実とのあいだの因果関係が大切だ(因果説)。いやそれ以上に双方の恋愛感情を鋭敏に察知する信頼できるプロセスが問題だ(信頼性主義)。だれも自分が片思いでないことを知ることはできない(懐疑論)。片思いか恋愛かは文脈による(文脈主義)。しかしむしろ片思いとは成就していない恋愛なのではないか(知識第一主義)。

　では知識第一主義は、プリミティヴとしての知識をどのように理解するのだろうか。もちろん、もっとも基本的で単純な概念を分析的に説明することはできないが、幸い、知識がプリミティヴだというとき、それは正当化や信念のような他の認識的な用語に比べてという意味であり、あらゆる概念の中でもっとも単純で基本的だという意味ではない。したがって認識的でない他の概念を用

いて、その説明を与えることはできる。

　ウィリアムソンが言うには、「知る」は人間のもっとも一般的な、叙実的な心的状態（factive mental state）を表現する言葉である。前に[4]述べたとおり、叙実的な動詞とは、「知る」の他に「見る」「聞く」「覚えている」「後悔する」など、目的語が事実を指すような動詞である。これらの動詞は、直観的に言って、心が事実に触れていることを表す。見るのは目によって触れることであり、聞くとは音によって触れることである。覚えているのは昔のことに触れることであり、後悔することはやはり過去の事実に複雑な気持ちで触れることである。

　人類にとって心が世界に触れることは重要なことであった。だからそれに言葉を与えた。それが「知る」という言葉であった。

9.3　知識第一主義はゲティア問題を解決するか？

　知識が叙実的な心的状態であり、知ることは心が世界に触れることだとすると、たんなる信念は世界に触れていない心の状態である。では認識的に正当化された信念とは何だろうか。もちろんそれは知識であるような心の状態である。

　つまり単純な知識第一主義は以下のことを主張する。

知識第一主義による認識的正当化の定義

S が P を正当に信じているのは、S が P を知っているときであり、かつそのときに限る。

　この定義はシンプルだが知識第一主義のやりかたをよく表している。まず、標準分析と比べると定義の順番が入れ替わっている。左側（被定義項）に正当化や信念が入り右側（定義項）に知識が出現する。つまり知識によって正当化を説明している。

　さらにこの定義の中に「真」の条件が現れていないことにも注意しよう。知

識第一主義は知識が叙実的な心的状態であるという前提に立つので、その心的状態の内容は定義上真だからである。

　問題はこのような方針転換によってゲティア問題がどうなるかである。なぜなら知識第一主義を採る強い動機の一つは従来の標準分析がゲティア問題を解決できないことだったのだから[5]。

　単純な知識第一主義はゲティア問題を次のように解決しようとする。ある信念が認識的に正当であるためにはその信念が知識であることが必要である。ゲティア問題の主人公であるスミスは「就職する人のポケットに10枚のコインがある」「ジョーンズはフォードを所有している、またはブラウンはバルセロナにいる」という二つの事例を知っていると言えない。それゆえスミスのそれらの信念は認識に正当化されていない。だからこれらの事例は正当化された真の信念が知識でないということを示すものではなく、どんなにがんばっても知識でないような信念は正当化に届いていないことを示す事例である。

　しかしこれはゲティア問題の解決だろうか。そうでないと思うのはパラダイムのシフトが簡単にいかないことを示しているのかもしれないが、明らかにこれは解決ではなく解体であるように思われる。

　現在、知識第一主義に共感する研究者たちの中にもこのような解決（解体）を十分だと考えず、知識第一主義における正当化の定義をもう少し柔軟なものにしようとする努力がある。一例としては以下のような試みがある。

知識第一主義による認識的正当化の定義（可能世界バージョン）

SがPを正当に信じているのは、Sが近隣の可能世界でPを知っているときであり、かつそのときに限る。ただし考慮される近隣の可能世界はその世界のSが現実世界のSとまったく同じ心的状態をもつような世界である。

　この拡張によって、【ドライブ中のヘンリー】の信念は認識的に正当だと判

---

5)　以下の論述は Kelp (2016) に基づいている。

定される。なぜなら本物の小屋を見て「あれは小屋」と言ったヘンリーは、偽
物の小屋が多いという周囲の環境のせいでその知識を否定されるが、しかし同
じ心的状態にある近隣の可能世界のヘンリーはそのような環境にいないために
知識をもつだろうからである。

　しかしこの拡張によってもゲティア問題の二つの事例におけるスミスの信念
を正当と見なすことはできない。たしかにゲティアが意図したとおりスミスは
十分な証拠に基づいて「就職するのはジョーンズである」「ジョーンズはフォ
ードを所有している」という信念を得た。近隣の可能世界にいるスミスのカウ
ンターパートはゲティア化された偶然に翻弄されていないので、通常の推論に
よって知識を得るであろう。しかし問題は、この定義の「ただし」以下で述べ
られる条件をスミスが満たさない点である。現実世界のスミスの心的状態は知
識でないので世界に触れていないが可能世界のスミスの心的状態は知識なので
世界に触れている。したがってそれらは異なる心的状態である。

　知識第一主義の枠内で、知識ではない正当化された信念を説明する方策とし
ては、徳認識論の知識第一主義バージョンというものが考えられている。以下
に示すのは標準分析陣営のグレコによる知識の定義である[6]。

徳信頼性主義による知識の定義

S が p を知っているのは、S が p を信じることが知的能力によって生み出
されているがゆえに、S が（p にかんする）真理を信じていているときであ
り、かつそのときに限る。

知識第一主義は分析の方向を逆にして、知識によって正当化を説明するのでそ
の定義は以下のようになる。

知識第一主義による正当化の定義

S が p を信じることにおいて正当であるのは、S が p を信じることが知識

---

6)　Greco (2010, p. 71).

> を生み出す能力によって生み出されているときであり、かつそのときに限る。

　こうすることによって、知識第一主義においても認識的に正当な信念というものを扱うことができるが、このような分析がグレコのような従来の分析に対してどのような優位をもつのかについては現在多方面から検討がなされているが、まだその成果が十分明らかとなってはいない。

9.4　終わりは始まり

　知識第一主義は強力な思想であり賛同するものも多い。しかしその威力が具体的にどこまで及び、これまでの認識論の内容にどのような修正を迫るものなのかを見極めることは現在のところ困難である。

　本章は終章として、新たな始まりを予感させる知識第一主義を簡単に紹介したが、これ以外でも現代認識論は数々の新しい分野を開拓しつつある。とくに証言による知識、知識の社会性、拡張認識論などの分野には触れることができなかったので、機会があれば稿を改めて論じてみたい。

　ゲティア問題に始まった本書が最後にたどり着いたのは標準分析に再考を促す知識第一主義だった。私たちは振り出しに戻ったのだろうか。そうではないだろう。探究は常に螺旋状に進んでいくのだから。

参考文献

Alston, William P. (1993) "Epistemic Desiderata," *Philosophy and Phenomenological Research*, Vol. 53, No. 3, pp. 527-551.

Anscombe, G. E. M. (1958) "Modern Moral Philosophy," *Philosophy*, Vol. 33, No. 124, pp. 1-19.

Armstrong, D. M. (1973) *Belief, Truth and Knowledge*, Cambridge, UK: Cambridge University Press.

Axtell, Guy (1997) "Recent Work in Virtue Epistemology," *American Philosophical Quarterly*, Vol. 34, No. 1, pp. 1-27.

Baehr, Jason (2008) "Four Varieties of Character-Based Virtue Epistemology," *Southern Journal of Philosophy*, Vol. 46, No. 4, pp. 469-502.

Bishop, Michael A. (2010) "Why the Generality Problem is Everybody's Problem," *Philosophical Studies*, Vol. 151, No. 2, pp. 285-298.

BonJour, Laurence (1980) "Externalist Theories of Empirical Knowledge," *Midwest Studies in Philosophy*, Vol. 5, No. 1, pp. 53-73.

BonJour, Laurence and Ernest Sosa (2003) *Epistemic Justification: Internalism Vs. Externalism, Foundations Vs. Virtues*: Wiley-Blackwell, (バンジョー、ソウザ『認識的正当化——内在主義対外在主義』上枝美典訳、産業図書、2006 年).

Chase, James (2004) "Indicator Reliabilism," *Philosophy and Phenomenological Research*, Vol. 69, No. 1, pp. 115-137.

Chisholm, Roderick (1942) "The Problem of the Speckled Hen," *Mind*, Vol. 51, No. 204, pp. 368-373.

—— (1973) *The Problem of the Criterion*, Milwaukee, WI: Marquette University Press.

—— (1989) *Theory of knowledge*, Englewood Cliffs, NJ: Prentice-Hall, 3rd edition, (チザム『知識の理論 第 3 版』上枝美典訳、世界思想社、2003 年).

Clark, Michael (1963) "Knowledge and Grounds: A Comment on Mr. Gettier's Paper," *(Repr. In Bobbs-Merrill Reprint Series; Gendin and Hoffman, Eds., Introduction to Philosophy, 1973; Lucey, Ed., On Knowing and the Known, 1996; Huemer, Ed., The Epistemology Reader, 2002) Analysis*, Vol. 24, No. 2, pp. 46-48.

Comesaña, Juan (2006) "A Well-Founded Solution to the Generality Problem," *Philo-

sophical Studies, Vol. 129, No. 1, pp. 27-47.

Conee, Earl (2013) "The Specificity of the Generality Problem," *Philosophical Studies*, Vol. 163, No. 3, pp. 751-762.

Conee, Earl and Richard Feldman (1998) "The Generality Problem for Reliabilism," *Philosophical Studies*, Vol. 89, No. 1, pp. 1-29.

── (2001) "Internalism Defended," in Kornblith, Hilary ed. *American Philosophical Quarterly*: Blackwell, pp. 1-18.

── (2004) *Evidentialism: essays in epistemology*, Oxford, UK: Oxford University Press.

Davidson, Donald (1987) "Knowing One's Own Mind," *Proceedings and Addresses of the American Philosophical Association*, Vol. 60, No. 3, pp. 441-458.

DeRose, Keith (1995) "Solving the Skeptical Problem," *Philosophical Review*, Vol. 104, No. 1, pp. 1-52.

── (2009) *The Case for Contextualism: Knowledge, Skepticism, and Context*, Vol. 1, Oxford, UK: Oxford University Press.

── (2017) *The Appearance of Ignorance: Knowledge, Skepticism, and Context*, Vol. 2, Oxford, UK: Oxford University Press.

Dretske, Fred (1970) "Epistemic Operators," *Journal of Philosophy*, Vol. 67, No. 24, pp. 1007-1023.

── (2005) "Is Knowledge Closed Under Known Entailment? The Case Against Closure," in Steup, Matthias and Ernest Sosa eds. *Contemporary Debates in Epistemology*: Blackwell, pp. 13-26.

Feldman, Richard and Earl Conee (1985) "Evidentialism," *Philosophical Studies*, Vol. 48, No. 1, pp. 15-34.

Fricker, Miranda (2003) "Epistemic Injustice and a Role for Virtue in the Politics of Knowing," *Metaphilosophy*, Vol. 34, No. 1/2, pp. 154-173.

── (2007) *Epistemic Injustice: Power and the Ethics of Knowing*, New York, NY: Oxford University Press.

Gettier, Edmund (1963) "Is Justified True Belief Knowledge?" *Analysis*, Vol. 23, No. 6, pp. 121-123,（ゲティア「正当化された真なる信念は知識だろうか」柴田正良訳。森際康友編『知識という環境』名古屋大学出版会、1996 年所収).

Goldman, Alvin I. (1967) "A Causal Theory of Knowing," *Journal of Philosophy*, Vol. 64, No. 12, pp. 357-372.

── (1976) "Discrimination and Perceptual Knowledge," *Journal of Philosophy*, Vol. 73, No. November, pp. 771-791.

── (1979) "What is Justified Belief?" in Pappas, George ed. *Justification and Knowledge*, Boston: D. Reidel, pp. 1-25.

── (1992) *Liaisons: Philosophy Meets the Cognitive and Social Sciences*, Cambridge: MA: Mit Press.

——— (1993) "Epistemic Folkways and Scientific Epistemology," *Philosophical Issues,* Vol. 3, pp. 271–285.

Greco, John (2010) *Achieving Knowledge: A Virtue-Theoretic Account of Epistemic Normativity,* New York: Cambridge University Press.

——— (forthcoming) "Knowledge-producing Abilities," in Kelp, Christpher and John Greco eds. *Virtue-theoretic Epistemology: New Methods and Approaches,* Cambridge: Cambridge University Press.

Haack, Susan (2009) *Evidence and Inquiry: a pragmatist reconstruction of epistemology,* Amherst, NY: Prometheus Books, 2nd edition, Original work published 1993.

Harman, Gilbert H. (1966) "Lehrer on Knowledge," *Journal of Philosophy,* Vol. 63, No. 9, pp. 241–247.

Hawthorne, John (2003) *Knowledge and Lotteries,* New York, NY: Oxford University Press.

Kelp, Christoph (2016) "Justified Belief: Knowledge First-Style," *Philosophy and Phenomenological Research,* Vol. 93, No. 1.

Klein, Peter D. (1999) "Human Knowledge and the Infinite Regress of Reasons," *Philosophical Perspectives,* Vol. 13, No. s13, pp. 297–325.

——— (2007)"HumanKnowledge and the Infinite Progress of Reasoning," *Philosophical Studies,* Vol. 134, No. 1, pp. 1–17.

Lehrer, Keith (1965) "Knowledge, Truth and Evidence," *Analysis,* Vol. 25, No. 5, pp. 168–175.

——— (2000) *Theory of Knowledge, 2nd edn,* Boulder, CO: Westview Press.

Lehrer, Keith and Stewart Cohen (1983) "Justification, Truth, and Coherence," *Synthese,* Vol. 55, No. 2, pp. 191–207.

Lehrer, Keith and Thomas Paxon, Jr (1969) "Knowledge: Undefeated Justified True Belief," *Journal of Philosophy,* Vol. 66, No. 8, pp. 225–237.

Lewis, David (1979) "Scorekeeping in a Language Game," *Journal of Philosophical Logic,* Vol. 8, No. 1, pp. 339–359.

——— (1996) "Elusive Knowledge," *Australasian Journal of Philosophy,* Vol. 74, No. 4, pp. 549–567.

MacFarlane, John (2009) "Nonindexical Contextualism," *Synthese,* Vol. 166, No. 2, pp. 231–250.

——— (2014) *Assessment Sensitivity: Relative Truth and its Applications,* Oxford: Oxford University Press.

Matheson, Jonathan D. (2015) "Is There a Well-Founded Solution to the Generality Problem?" *Philosophical Studies,* Vol. 172, No. 2, pp. 459–468.

Nozick, Robert (1981) *Philosophical Explanations,* Cambridge, MA: Harvard University Press（ノージック『考えることを考える〈上・下〉』坂本百大訳、青土社、1997 年）.

Plantinga, Alvin (1993a) *Warrant and Proper Function*, New York, NY: Oxford University Press.

—— (1993b) *Warrant: The Current Debate*, New York, NY: Oxford University Press.

Plantinga, Alvin and NicholasWolterstorff eds. (1983) *Faith and Rationality: Reason and Belief in God*, Notre Dame, IN: University of Notre Dame Press.

Pritchard, Duncan (2008) "Greco on Knowledge: Virtues, Contexts, Achievements," *Philosophical Quarterly*, Vol. 58, No. 232, pp. 437–447.

Sartwell, Crispin (1991) "Knowledge is Merely True Belief," *American Philosophical Quarterly*, Vol. 28, No. 2, pp. 157–165.

—— (1992) "Why Knowledge is Merely True Belief," *Journal of Philosophy*, Vol. 89, No. 4, pp. 167–180.

Sellars, Wilfrid S. (1956) "Empiricism and the Philosophy of Mind," *Minnesota Studies in the Philosophy of Science*, Vol. 1, pp. 253–329.

Shope, Robert K. (1983) *The Analysis of Knowing: A Decade of Research*, Princeton: NJ: Princeton University Press.

Sosa, Ernest (1980) "The Raft and the Pyramid: Coherence Versus Foundations in the Theory of Knowledge," *Midwest Studies in Philosophy*, Vol. 5, No. 1, pp. 3–26.

—— (1993) "Review: Proper Functionalism and Virtue Epistemology," *Noûs*, Vol. 27, No. 1, pp. 51–65.

—— (2000) "Skepticism and Contextualism," *Noûs*, Vol. 34, No. s1, pp. 1–18.

—— (2007) *A Virtue Epistemology*, Vol. I of Apt Belief and Reflective Knowledge, Oxford, UK: Oxford University Press.

—— (2010) "How Competence Matters in Epistemology," *Philosophical Perspectives*, Vol. 24, No. 1, pp. 465–475.

Stanley, Jason (2005) *Knowledge and Practical Interests*, Oxford, UK: Oxford University Press.

Turri, John (2009) "On the Regress Argument for Infinitism," *Synthese*, Vol. 166, No. 1, pp. 157–163.

Unger, Peter (1968) "An Analysis of Factual Knowledge," *Journal of Philosophy*, Vol. 65, No. 6, pp. 157–170.

—— (1984) *Philosophical Relativity*, Minneapolis, MN: University of Minnesota Press, Reprint, Oxford University Press, 2002.

Vogel, Jonathan (2008) "Epistemic Bootstrapping," *Journal of Philosophy*, Vol. 105, No. 9, pp. 518–539.

Williamson, Timothy (2000) *Knowledge and its Limits*, Oxford, UK: Oxford University Press.

Zagzebski, Linda (1994) "The Inescapability of Gettier problems.," *Philosophical Quarterly*, Vol. 44, No. 174, p. 65.

—— (1996) *Virtues of the Mind: An Inquiry Into the Nature of Virtue and the Ethical*

　　　Foundations of Knowledge, Cambridge, UK: Cambridge University Press.

—— (2003) "The Search for the Source of Epistemic Good," *Metaphilosophy*, Vol. 34,
　　　No. 1-2, pp. 12-28.

飯田隆（1995）『言語哲学大全Ⅲ——意味と様相（下）』勁草書房.

上枝美典（2007）『「神」という謎［第二版］——宗教哲学入門』世界思想社.

戸田山和久（2002）『知識の哲学』産業図書.

野本和幸（1988）『現代の論理的意味論——フレーゲからクリプキまで』岩波書店.

ハーストハウス、R.（2014）『徳倫理学について』土橋茂樹訳、知泉書館.

あとがき

　本書を最初に構想したのは 2007 年のことだからもう 12 年も前のことになる。当時はチザム『知識の理論（第 3 版）』（世界思想社）とバンジョー・ソウザ『認識的正当化』（産業図書）の二冊の翻訳を上梓したころで、それを目にしてくれたある編集者から認識論についての入門書を書かないかとお誘いを受けた。そのころには翻訳の解説のために準備した材料が手元にかなりあったので、それを使えばなんとかなるだろうと軽い気持ちで引き受けたが、その後のさまざまな双方の事情によりこの話は立ち消えになってしまった。

　そして月日は光陰のごとく流れて 2018 年度、ありがたくも一年間の留学の機会を与えられて向かったのは、トマス・アクィナスを中心とした中世哲学研究の面ではエレノア・スタンプ教授を擁し、そして認識論では以前の留学時にニューヨークのフォーダム大学で出会っていたジョン・グレコ教授がいるアメリカはミズーリ州のセントルイス大学だった。

　ジョンは受け入れ教授となり研究室などの環境を整えてくれただけでなく、毎週の大学院ゼミや院生の博士論文検討会、そして近隣の（セントルイス）ワシントン大学の研究者との研究会にも小まめに誘ってくれた。2018 年度の秋学期の大学院ゼミには、ほぼ毎週現代認識論のさまざまな分野の研究者をゲストスピーカーとして招いて議論したが、毎回そのあとに開催されるレセプションという名の飲み会にもほぼ皆勤で参加することができた。そのような生活を送るうちにこの貴重な体験を何か目に見えるかたちにしておくべきではないかという思いが生じ、頓挫していた入門書の計画に再び取り組むことにした。

　パソコンの深いディレクトリの中に眠っている材料を掘り起こして組み合わせればそのような入門書は比較的簡単にできあがるのではないかと考えていたが、実際に書き始めるとそれが完全な間違いであることにすぐに気付いた。頭

の中で理解したつもりになっていることと実際に文章にして書き下ろすこととのあいだには大きな違いがあることをあらためて痛感した。たまたま2019年度にこのテーマで学部向けの授業を担当したので、その講義ノートとして書き進められたことは強制力の点で結果的によかったのだが、火曜日の授業のためにその前の土日が潰れてしまうという日々がほとんど一年間続くことになるとはまったく予想していなかった。

　その意味では今は子供たちも独立して二人暮らしの妻ゆりには相当な負担をかけたが、私の様子を見て当然のことのように土日も仕事をさせてくれた。それだけでなく、今回の留学に同行し大きな肉をオーブンで焼くのが基本のアメリカ料理をマスターして一年間の生活を支えてくれた。アメリカ中西部の長閑な街で共に過ごした思い出は生涯の宝である。

　当然ながら本書の内容についての責任はすべて筆者にあるが、小山田圭一君からは議論の論理的な側面を中心として本書全体にわたって多くの指摘と意見をいただいた。また、言語哲学の専門用語や技術的にやや高度な議論が含まれる第7章の記述については高谷遼平君と横路佳幸君からの助言を得られたのは幸運だった。内山真莉子さんと小沢隆之君からは内容と表記について読者目線のコメントをいただいた。また慶應義塾大学文学部哲学専攻専門教育科目「知識の哲学」2019年度の受講者の諸君からのコメントも、草稿の改善に大いに役立った。とくに第7章の「電話」の事例（186ページ）は阿部裕彦君の授業中のコメントがもとになっている。この場を借りて、これらすべての協力者に感謝する。

　これは蛇足かもしれないが、ある特定の学問の分野をこのような読み物としてまとめるためには、どうしても一つの物語のような筋を作る必要がある。しかし実際の議論は、さまざまな要素が入り乱れて必ずしも整然と進んでいるわけではない。したがって本書で展開した物語は、あくまでも筆者の目から見たものであって、まったく別の物語を語ることも可能である。むしろそのようなさまざまな物語が語られることによって、おぼろげながらも全体像と言えるようなものが現れてくるのだろう。だからこの分野でも今後、多くの違う物語が書かれることを願っている。本書はその意味で、一つの完結した報告書ではなく、挑戦の書、そして願わくば招待の書として受け取っていただければと思う。

　本書は 2018 年度慶應義塾大学塾派遣留学制度による成果である。このような機会を与えてくれた慶應義塾大学文学部と受け入れ先のセントルイス大学哲学科、とくにジョン・グレコ（John Greco）教授に感謝したい。またこの滞在の生活面で多大な援助をいただいた松岡秀彰（Andy Matsuoka）氏と、滞在先の大家さんであるフレデリック夫妻（Jane and Larry Frederick）にも心からお礼を言いたい。

　最後に勁草書房の土井美智子氏には本書の企画段階から完成に至るまでのあいだずっとお世話になった。記して感謝する。

上枝美典

索　引

著者紹介
1961 年　愛媛県に生まれる
1990 年　京都大学大学院文学研究科単位取得退学
1996 年　フォーダム大学大学院哲学研究科退学
現　在　慶應義塾大学文学部教授
著　書　『「神」という謎 [第二版]』（世界思想社、2007 年）ほか
訳　書　チザム『知識の理論 第 3 版』（世界思想社、2003 年）
　　　　バンジョー＆ソウザ『認識的正当化』（産業図書、2006
　　　　年）ほか

現代認識論入門　ゲティア問題から徳認識論まで

2020 年 8 月 20 日　第 1 版第 1 刷発行

著　者　上　枝　美　典

発行者　井　村　寿　人

発行所　株式会社　勁　草　書　房

112-0005 東京都文京区水道 2-1-1　振替 00150-2-175253
（編集）電話 03-3815-5277／FAX 03-3814-6968
（営業）電話 03-3814-6861／FAX 03-3814-6854
三秀舎・中永製本

© UEEDA Yoshinori　2020

ISBN978-4-326-10283-9　Printed in Japan

飯田　隆
分析哲学 これからとこれまで　　　　　　　　　　2500円

鈴木貴之 編著
実験哲学入門　　　　　　　　　　　　　　　　　2700円

三木那由他
話し手の意味の心理性と公共性　　　　　　　　　4800円
　　コミュニケーションの哲学へ

中山康雄
言語哲学から形而上学へ　　　　　　　　　　　　3200円
　　四次元主義哲学の新展開

荒畑靖宏
世界を満たす論理　　　　　　　　　　　　　　　3500円
　　フレーゲの形而上学と方法

児玉　聡
実践・倫理学　　　　　　　　　　　　　　　　　2500円
　　現代の問題を考えるために

蝶名林亮 編著
メタ倫理学の最前線　　　　　　　　　　　　　　4000円

＊表示価格は 2020 年 8 月現在. 消費税は含まれておりません.